도덕경

자연과 인간이 상생하는 무위의 길

청소년 철학창고 31

도덕경, 자연과 인간이 상생하는 무위의 길

초판 인쇄 2013년 6월 5일 | 초판 발행 2013년 6월 10일

조수형 풀어씀 | 펴낸이 홍석 | 기획 채희석
편집진행 김재실 | 표지 디자인 황종환 | 본문 디자인 서은경 | 마케팅 김명희·홍성우
펴낸곳 도서출판 풀빛 | 등록 1979년 3월 6일 제8-24호
주소 120-818 서울특별시 서대문구 북아현동 177-5 한일빌딩 3층
전화 02-363-5995(영업), 02-362-8900(편집) 팩스 02-393-3858
홈페이지 www.pulbit.co.kr | 전자우편 pulbitco@hanmail.net

ⓒ 조수형, 2013

ISBN 978-89-7474-734-3 43150
ISBN 978-89-7474-526-4 (세트)

책값은 뒤표지에 있습니다.

이 도서의 국립중앙도서관 출판시도서목록(CIP)은 e-CIP홈페이지(http://www.nl.go.kr/ecip)와
국가자료공동목록시스템(http://www.nl.go.kr/kolisnet)에서 이용하실 수 있습니다.(CIP제어번호: CIP2013006908)

도덕경

자연과 인간이 상생하는 무위의 길

노자 지음 | 조수형 풀어씀

'청소년 철학창고'를 펴내며

　우리 청소년이 읽을 만한 좋은 책은 없을까? 많은 분들이 이런 고민을 하셨을 겁니다. 그러면서 흔히들 고전을 읽어야 한다고 합니다. 하지만 서점에 가서 책을 골라 보신 분들은 느꼈을 겁니다. '청소년의 지적 수준에 맞춰서 읽힐 만한 고전이 이렇게도 없는가.'라고.

　고전 선택의 또 다른 어려움은 고전의 범위가 매우 넓다는 것입니다. 청소년 시기에는 시간과 능력의 한계 때문에 그 많은 고전들을 모두 읽을 수 없습니다. 그렇다면 어떤 책을 읽어야 할까요?

　이런 여러 현실적인 어려움을 고려해 기획한 것이 풀빛 '청소년 철학창고'입니다. '청소년 철학창고'는 고전의 핵심이라 할 수 있는 '철학'에 더 많은 무게를 실었습니다. 그 이유는 무엇일까요?

　사람들은 일반적으로 철학을 현실과 동떨어진 공리공담이나 펼치는 학문이라고 생각합니다. 하지만 철학적 사고의 핵심은 사물과 현상을 다양하게 분석하고 종합해서 그 원칙이나 원리를 찾아내는 것입니다. 그래서 철학은 인간과 세상에 대해 깊이 있게 생각하고, 논리적으로 종합하는 능력을 키워 줍니다. 그런 만큼 세상과 인간에 대해 눈떠 가는 청소년 시기에 정말로 필요한 공부입니다.

하지만 모든 고전이 그렇듯이 철학 고전 또한 읽기가 쉽지 않습니다. 그래서 '청소년 철학창고'는 청소년의 눈높이에 맞추기 위해 선정에서부터 원문 구성에 이르기까지 많은 노력을 기울였습니다.

첫째, 책을 선정하는 과정에서부터 엄격함을 유지했습니다. 동양·서양·한국 철학 전공자들이 많은 회의 과정을 거쳐, 각 시대마다 동서양과 한국을 대표하는 철학 고전들을 엄선했습니다. 특히 우리 선조들의 사상과 동시대 동서양의 사상들을 주체적인 입장에서 비교하고 검토할 수 있도록 했습니다.

둘째, 고전 읽기의 참다운 맛을 살리기 위해 최대한 원문을 중심으로 구성했습니다. 물론 원문 읽기의 어려움을 해결하기 위해 새롭게 번역하고 재정리했습니다. 그리고 청소년이라면 누구나 어렵지 않게 읽으면서 고전이 주는 의미와 내용을 이해할 수 있도록 설명을 덧붙였고, 전체 해설을 통해 저자의 사상과 전체 내용을 다시 한 번 정리해 주었습니다.

마지막으로 쉬운 것부터 읽기 시작해 점차 사고의 폭을 넓혀 가도록 난이도에 따라 세 단계로 구분했습니다. 물론 단계와 상관없이 읽고 싶은 순서대로 읽어도 됩니다.

우리 선정위원들은 고전 읽기의 진정한 의미가 '옛것을 되살려 오늘을 새롭게 한다(溫故知新).'는 데 있다고 생각합니다. '청소년 철학창고'를 통해 자라나는 청소년들이 인간과 사물에 대한 깊은 통찰력을 키워, 밝은 미래를 열어 나갈 수 있기를 진정으로 바랍니다.

2005년 2월

선정위원 허우성(경희대 교수, 동양 철학)   윤찬원(인천대 교수, 동양 철학)
         정영근(서울산업대 교수, 한국 철학)   허남진(서울대 교수, 한국 철학)
         이남인(서울대 교수, 서양 철학)   한자경(이화여대 교수, 서양 철학)

들어가는 말

풀빛 출판사의 '청소년 철학창고'에 필자가 쓴 《장자, 자연 속에서 찾은 자유의 세계》가 출간된 지 어느새 8년여의 시간이 지났다. 도가 사상의 흐름대로라면 노자의 《도덕경》이 먼저 나왔어야 했는데 순서도 바뀌고 시기도 늦은 감이 든다. 하지만 이제라도 《도덕경》을 출간하면서 도가 사상의 두 축이 '청소년 철학창고'에 나란히 자리 잡게 되어 다행스럽기 그지없다.

최근 《도덕경》에 대한 관심은 점차 높아지고 있는 편이다. 그 원인은 아마도 문명의 빠른 진행에 멀미를 느끼는 현대인에게 자연과의 조화나 자연으로의 회귀를 내세운 도가 사상이 마음에 와 닿았기 때문으로 추측된다. 신영복 교수는 그의 저서 《강의》에서 유가와 도가 사상을 비교하면서 유가를 '나아감의 철학'으로, 도가를 '되돌아감의 철학'으로 규정한 바 있다. 말하자면 유가 사상은 인간 문명의 성장과 진보를 목표로 삼기에 나아감의 철학이요, 도가 사상은 자연으로의 회귀나 인간과 자연의 조화를 주장하기에 되돌아감의 철학이라는 것이다. 이러한 맥락에서 《도덕경》에 대한 관심이 점차 높아지는 것은 결코 일시적이거나 우연이 아님을 알 수 있다.

《도덕경》은 다른 고전들에 비해 분량이 많은 편은 아니다. 그러나 그 내용은 상당히 형이상학적이고 상징적이어서 이해하기가 쉽지 않다. 후대에

와서, 특히 현대에 들어와서 많은 사상가나 연구자들이 수많은 주석을 달거나 나름의 해석을 내놓고 있지만 그것이 과연 노자의 사상에 제대로 맞닿아 있는지는 확인하기가 어렵다. 역으로 보자면 이는 《도덕경》이 그만큼 깊이가 있다는 점에 대한 반증일 수 있다. 사실 지금으로부터 2500여 년이나 앞선 춘추 전국 시대(春秋戰國時代)에 자연과의 조화를 형이상학적인 언어로 표현했다는 점 하나만으로도 《도덕경》은 주목할 만한 고전이다. 그 시대에 나온 대다수 저작들이 주로 처세와 경세를 논한 데 비해 형이상의 도를 주제로 무위자연(無爲自然)의 철학을 주장한 점에서 그렇다.

사실 《장자》는 대부분의 내용이 우화로 채워져 있기 때문에 이해하고 기억하기에는 그다지 까다롭지 않다. 그러나 노자의 《도덕경》은 잠언 또는 경구로 가득 차 있어 그 뜻을 어렴풋이 짐작할 뿐이다. 이런 이유로 《도덕경》은 읽는 사람들에 따라서 서로 다른 해석이 나오기도 하고 그로 인해 논란이 일기도 한다. 그러나 조용하게 마음을 가다듬고 음미하노라면 노자가 일관되게 지향한 무위자연의 세계가 보이지 않는 길을 제시해 준다는 점을 깨닫게 된다. 마치 문명의 사막에서 길을 잃고 헤매는 사람들에게 인도자와도 같이······.

현대 사회가 지닌 각종 문제들을 해결하려는 처방들이 난무하는 현실에서 보면 노자의 《도덕경》은 우리를 순수의 시대로 안내하는 한 줄기 빛과도 같다. 생각이 이에 이르니 문득 게오르그 루카치의 절묘한 경구가 떠오른다.

"밤하늘을 길잡이로 삼아 그 형세로 갈 길을 알고, 별빛이 비추는 길을 가던 시절은 얼마나 행복했던가. 영혼 속에 타오르는 불길은 성운(星雲)과 한 몸이었기에, 세계는 광활하지만 내 거처나 다를 바 없었다."

루카치가 말한 그 행복한 시절에 나온 《도덕경》이 오늘날 길을 잃고 헤매는 우리를 안내할 별빛이자 우리 몸을 뉘일 거처가 되리라는 확신이 있기에 부족하고 성근 풀이로 부끄럽기 그지없는 이 저작을 내어 놓는다.

2013년 4월
조수형

차 례

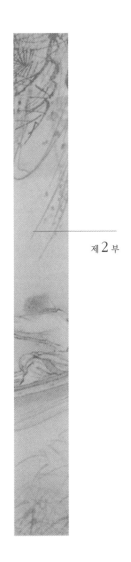

《도덕경》을 이해하는 데 필요한 배경 지식

도(道)

도는 노자 사상 전체를 아우르는 가장 핵심적인 개념이다. 원래 전통적인 동양 사상에서 도는 우주를 이루거나 우주를 이끄는 궁극적인 실재를 의미한다. 그런데 노자가 살던 춘추 시대에 오면 여러 학파에서 도라는 개념을 널리 사용하기 시작했고 특히 공자가 창시한 유가에서는 도를 하늘의 도 즉 천도(天道)와 인간의 도 즉 인도(人道)로 나누고 구분했다. 여기서 천도는 하늘, 즉 우주가 이끄는 마땅한 도리라는 의미이고 가슴속에 하늘의 이치를 품고 사는 소우주인 인간은 천도의 원칙을 따르는 도덕적 규범, 인도를 지녔다고 보았다.

노자는 이렇게 도라는 개념이 여러 사상가들에 의해 자의적으로 사용되면서 우주 만물을 이루거나 이끄는 근원적인 존재라는 본래 의미가 퇴색됐다고 판단하고, 도의 원래 의미를 찾고자 했다. 노자는 《도덕경》의 첫 구절에서부터 "말로 표현할 수 있는 도는 진정한 도가 아니며, 붙여진 이름은 본래의 이름이 아니다."라고 하면서 도에 대한 본질적인 개념 규정을 시도했다. 노자의 주장에 따르면 도는 인간이 좁은 식견과 모자란 지식만 가지고 함부로 규정해서는 안 되는, 참되고 영원불변한 존재다. 또한 천지 만물의 근원이기도 하다. 노자는 이를 두고 "도는 하나를 낳고 하나는 둘을 낳고 둘은 셋을 낳고 셋은 만물을 낳는다."라고 말했다. 여기서 '하나'는 도를 가리키지만 도 자체는 아니다. 만물의 근원인 도를 '하나'라고 표현했을 뿐이다. 왜냐하면 노자가 말하는 도는 만물의 근원이며 영원불변의 존재이기 때문이다.

　한편 노자는 유가 등이 내세운 인도를 염두에 두고 도를 인간이 따라야 하는 마땅한 규범이라는 의미로도 사용했다. 《도덕경》 본문의 "도를 따르는 사람"이나 "대도를 행하면," "도를 귀히 여기는 사람" 등의 표현이 그것이다. 하지만 노자가 말하는 규범으로서의 도는 흔히 생각하는 인위적인 규범이 아닌 무위의 규범, 즉 자연의 도를 따르는 것을 의미한다. 말하자면 인간과 인간이 사회관계를 맺으면서 지켜야 하는 윤리적 규범이라는 의미가 아니라 우주 만물이 운행되는 무위의 원리, 즉 자연의 도를 따르는 자세나 태도를 의미한다. "자연은 말없이 행한다." 혹은 "도는 자연을 본받는다."라는 구절을 보면, 노자가 말하는 도의 규범적 성격은 더욱 분명하게 드러난다.

덕(德)

사마천이 지은 《사기(史記)》에는 "노자는 도덕에 관한 5천여 자를 담아 상·하 두 편으로 된 책을 저술하고 떠났다."라는 구절이 있다. 이는 《노자(老子)》라는 책이 《도덕경》으로도 불리는 이유일 뿐 아니라, 노자가 덕을 도만큼 중시했다는 사실 또한 알게 한다.

노자는 "도는 만물을 낳고 덕은 만물을 기른다."라고 말했고, 뒤이어 "도는 만물을 낳지만, 덕은 만물을 기른다. 만물을 키우고 자라게 하며, 안정시키고 편안하게 하며, 돌보고 키워 준다."(51장)라고 부연했다. 이런 노자의 주장에 따르면 '덕'이란 '도의 작용'을 말한다. 도가 본체[체(體)]라면 덕은 그 본체의 실천이자 작용[용(用)]인 셈이다.

그렇다면 인간은 어떻게 덕을 실천함으로써 도를 밝힐 수 있을까? 노자는 우선 세상 만물에 대해 바로 세우고 잘 보듬을 것을 주문했다. 자연 속의 존재는 자연의 섭리에 따라 움직이는 그 자체로 소중한 존재이므로 쉽게 사라지거나 자연에서 벗어나지 않는다는 이유에서였다. 또한 자연의 도를 깨닫고 실천하면서 나타난 덕은 인간 사회에서는 사람을 참되게 하고 집안을 화목하게 하며 동리를 평온하게 하고 나라에는 평화가 깃들게 한다고 했다. 만물의 근원이자 규범으로서의 도는 가늠하기 힘들 만큼 크고 깊어 사람이 그것을 쉽게 깨닫기 힘들겠지만, 도의 진정한 의미를 염두에 두고 만물을 잘 보듬는 덕으로 대한다면 자신은 물론 세상이 안정되고 편안해진다는 것이 노자의 세계관이었다. 이런 의미에서 보면 노자가 말하는 도와 덕이란 세속과 거리를 두고 자연 속에 은둔하는 소극적 의미로 쓰인 것이 아니라 인간 세상에 적극적으로 활용하는 원리이자 혼란한 춘추 시대에 제시한 정신적 처방이었던 셈이다.

춘추 시대의 정치가이자 사상가였던 관중(管仲)은 형상이 없는 도가 사람의 행위로써 형상화된다는 뜻에서 "덕은 도의 집"이라고 표현했다. 앞에서도 언급한 것처럼 도는 인간이 인식할 수 있는 범위를 초월할 만큼 너무나 크고 깊어 형상이 없는 것이지만 덕은 행위를 통해 분명한 증거로써 나타날 뿐만 아니라 인간 사회에서도 보편적 윤리 규범으로 작용한다. 따라서 도와 덕이라는 두 개의 중심 개념을 올바르게 이해하는 것은 《도덕경》 전체를 파악하는 지름길이라 하겠다.

자연(自然)과 무위(無爲)

자연과 무위는 도와 덕 못지않은 노자 사상의 핵심 개념이다. 자연과 무위 또한 도와 덕의 관계처럼 둘이면서 하나를 이루는 개념이다. 자연은 말 그대로 '스스로 그러함'이다. 작위나 억지가 없는 자유로운 상태를 일컫는다. 무위는 이러한 자연 상태를 인정하고 인위적인 어떤 것도 더하지 않음을 말한다. 노자는 물론 도가 사상 전체에서 자연은 절대적인 비중을 차지한다. 아니, 전부라고 해도 과언이 아니다.

노자는 "사람은 땅을 본받고 땅은 하늘을 본받고 하늘은 도를 본받고 도는 자연을 본받는다."(25장)라고 말했다. 노자에 따르면, 자연은 사람, 땅, 하늘 심지어는 도까지도 본을 받아야 할 존재다. 도는 만물을 낳고, 덕은 만물을 기른다. 도에서 비롯된 물질이 사물로 형상화되고 도의 기운에 이끌린 사물은 자연의 법칙에 따라 완성된다. 따라서 도가 존귀하고 덕이 숭고한 것은 각각에 어떤 특별한 원리가 있어서가 아니라 자연에서 비롯되었기 때문이다.

도는 초월적인 근원 존재이기도 하지만 만물이 따라야 할 규범이기도 하기에 각각의 사물에 영향을 미치며 구체적이기도 하다. 이처럼 도에 의해 만물은 생겨나고 영향을 받지만, 도의 작용은 뚜렷한 목적도 없으며 자신이 원인이 되어 생겨난 결과에 대해서도 소유하려 하지 않는다. 그렇기 때문에 도의 운행은 무욕의 작용이라 할 수 있으며, 이를 일컬어 무위라 한다.

존재와 규범이라는 도의 두 의미 가운데 도의 작용에 해당하는 규범이 바로 무위다. 즉, 존재로서의 도가 만물이 따라야 할 규칙인 덕으로 작용할 때 자연에 순응하며 무리가 없어야 하는데, 이를 일컬어 무위라 하는 것이다. 노자의 견해에 따르면 인간이 자기를 중심에 놓고 행하는 인위는 선도 아닐 뿐만 아니라 도리어 추하기까지

하다. 억지로 도모하지 않고 말을 앞세우지도 말며 소유하려 않고 자신의 뜻대로 하지 않으며, 결과에 이르러도 안주하지 말아야 자연의 법칙, 즉 도에 따르는 것이며 무위의 덕을 드러내는 것이다. 존재로서의 도가 자연이라면 규범으로서의 도(덕)는 무위에 해당하기에 이 둘은 도와 덕의 그것처럼 하나이면서 둘인 관계를 이루며 노자 사상의 중심을 이룬다.

허(虛)와 정(靜)

도가 사상은 허무(虛無)로부터 출발한다는 견해가 있을 정도로 무(無)와 더불어 허(虛) 또한 도가 사상의 중심 개념이다. 노자는 《도덕경》 1장에서부터 "이름이 없는 것(無名)에서 하늘과 땅이 시작되고, 이름이 있는 것(有名)에서 만물이 생겨난다. 그러므로 변함이 없는 무(無)로써 그 오묘함을 보려 하고 변함이 없는 유(有)로써 그 움직임을 보려 한다."라고 말하면서 없음(無)과 있음(有)을 통해 도의 존재와 작용을 설명한다. 그러므로 노자 사상에서 무는 도의 존재 방식이자 만물의 근원이라고 할 수 있다.

이런 무와 대비해서 노자는 '도는 비어(虛) 있으나 아무리 써도 다함이 없고 움직일수록 더 많이 낳는다.'라고 말하면서 허(虛)로써 도의 상태를 묘사했다. 노자는 허를 마치 텅 비어 있다가도 우기가 되면 물을 대지로 흘려보내는 골짜기(=여성성=부드러움)에 비유하기도 한다. "최상의 덕은 골짜기처럼 빈 것 같다."(41장)라는 표현이 그것이다.

자신을 드러내지 않고 낮추는 덕이 허라면, 그 반대는 가득 차 있는 상태를 뜻하는 실(實)이나 영(盈)이다. 노자는 '실'은 편견이나 선입견이 들어 있는 상태로, '영'은 자만하는 모양새로 묘사한다. 그래서 "스스로 내세우는 사람은 지혜롭지 못한 것이고, 자신이 옳다고 주장하는 사람은 밝지 못한 것이다. 공을 자랑하는 사람은 그 공이 무너지고, 자만하는 사람은 오래가지 못한다."(24장)라고 하면서 스스로를 비우라고 충고한다. 결국 도의 상태를 의미하는 '허'가 도의 작용인 덕으로 나타날 때는 욕심을 버리고 자신을 낮추는 겸허(謙虛)가 됨을 알 수 있다.

또한 노자는 '허'한 도의 상태에서 만물이 무성히 생겨나지만 그것은 반드시 각자의 뿌리로 되돌아가는데, 이를 일러 '정(靜)'이라 하며, 이처럼 고요함으로 돌아가는 것이 사물의 운명이라고 말한다(16장). 말하자면 '허'는 반드시 정으로 드러나게 마련이라는 것이다. 이 말은 '허'가 도의 존재 방식, 곧 도의 상태를 의미한다면 '정'은 만물이 본래의 상태로 돌아가려는 도의 작용, 곧 무위의 덕에 해당한다는 뜻이다. 따라서 '허'와 '정'이라는 개념 또한 도가 사상의 중추인 자연과 무위, 도와 덕의 또 다른 표현이라고 볼 수 있다.

도가와 도교(道敎)

동아시아를 대표하는 전통 사상을 말할 때 일반적으로 유(儒)·불(佛)·도(道) 3교를 거론하는데, 이때의 도교는 '철학적인 도가'와 '종교적인 도교'의 의미를 포괄하고 있다. 앞에서 살펴본 것처럼 도가는 노자와 장자의 사상을 근간으로 하는 철학이며, 도교는 이것에 민간 전래 신앙이 보태진 것이다. 따라서 우리가 도교를 이야기할 때는 종교로서의 의미인지 아니면 종교와 철학을 아우르는 의미인지를 분명하게 구별할 필요가 있다.

철학으로서의 도교, 즉 노장 사상이라고도 불리는 도가는 춘추 전국 시대에 시작되어 한나라 시대로 넘어오면서 도교의 기초가 되었다. 뿐만 아니라 위진 시대 이후로는 문학과 예술 분야에도 많은 영향을 끼쳤다. 또한 유교에 대한 비판적인 입장과 자유분방한 주장들은 유교가 주도했던 중세에는 비주류 지식인들에게 커다란 위안이 되기도 했다. 심지어 과거와는 비교할 수 없을 만큼 모든 면에서 빠르게 발전하고 있는 현대 사회에서도 도가는 많은 지지를 받고 있다. 개발과 성장에만 매달리다 환경 오염과 빈부 격차라는 부작용으로 심한 몸살을 앓고 있는 현대 사회에서 인위를 거부하는 노자의 무위자연 철학과 차별을 부인하는 평등사상인 장자의 만물제동(萬物齊同)설이 적절한 대안으로 인식되기 때문이다.

한나라 말기 노장 사상에 중국의 민간 전래 신앙이 결합되어 태평도(太平道)와 오두미도(五斗米道)라는 교단이 성립되면서 도교는 종교로서의 면모를 갖추게 되었다. 이후 당나라 때에는 나라를 수호하는 종교로까지 발전했으며, 불교로부터 자비와 민중 구제 등의 내용을 받아들여 불교 못지않은 세력으로 성장했다. 이와 같은 흐름은 이웃 나라인 고구려는 물론 동아시아 각국에 퍼져 도교는 유교, 불교와 더불어 동아시아의 대표적인 종교로 자리 잡게 된다.

　불교가 중국에 뿌리 내리는 과정에 도교 사상이 많은 도움이 되었다면, 도교가 동아시아의 유력한 종교로 성장하는 데에는 불교와 유교의 영향이 컸다. 송나라 시대 이후 불교계는 천태종, 선종 등과 같이 민중적인 실천과 대승적인 수행을 중시하는 교단이 우세했으며, 유교 또한 존양 성찰(存養省察, 인간의 본성을 잘 지켜 내면서 스스로를 반성하고 살피는 자세)과 거경 궁리(居敬窮理, 항상 몸과 마음을 경건하게 하고 삼가하면서 널리 사물의 이치에 도달하는 수양법) 등의 수양론을 앞세운 성리학이 주류를 차지했다. 도교는 이와 같은 시대적 흐름에 발맞춰 유·불과의 이론적인 융화를 이루고 선행을 강조하는 실천론까지 덧붙여 민중적 지지 기반을 넓힐 수 있었다.

　이후 도교는 명나라 때에 도교의 경전을 집대성한《정통도장(正統道藏)》이 편찬된 외에는 기존의 흐름을 바꿀 만한 새로운 변화를 추구하지 않는다. 하지만 도가 사상과 고대의 민간 신앙에 신선술, 주역, 음양오행, 참위(讖緯, 도참이라고도 하며 미래의 길흉화복이나 앞일에 대한 예언을 담은 책), 점복, 무속 신앙 등까지 결합되고 유교와 불교 사상도 가미되면서 도교는 오늘날까지도 동아시아 사회에서 커다란 영향력을 발휘하는 민간 종교로서 그 존재감을 과시하고 있다.

도가와 유가

사마천이 쓴 《사기》의 〈노장신한열전(老莊申韓列傳)〉에는 도가와 유가의 관계를 짐작하게 하는 다음과 같은 대목이 있다.

공자가 일찍이 노자를 찾아가 가르침을 청하자 노자는 공자의 생각과 태도에 대해 인위로 규정하며 크게 꾸짖었다. 공자는 돌아와서 주위 사람들에게 노자를 용에 비유하며 찬양했고, 노자가 자신의 능력을 숨기고 세상에 알려지는 것을 꺼렸다고 술회했다.

이와 같은 내용은 도가 계열의 저작물에서는 여러 군데에서 발견되는 데 반해 《논어》 등의 유가 계열 저작에는 전혀 나오지 않는다. 이로 미루어 볼 때 이 기록은 유가에 대립각을 세우고 견제하려는 도가의 의중이 은연 중에 반영된 것으로 보인다.

춘추 전국 시대라는 혼란기에 등장한 제자백가(諸子百家)는 난세에 대한 처방을 저마다 쏟아냈지만, 큰 줄기에서 본다면 처세(處世)와 관조(觀照)라는 두 흐름으로 모아진다. 처세의 선두에는 유가가 있었다. 유가는 인의(仁義)를 앞세워 사회적 질서와 제도를 구축하려 했으며, 이를 토대로 문명의 진보를 굳게 믿었다. 이에 비해 도가는 유가가 강조하는 도덕적인 덕목을 인위라고 비판하며 만물의 근원과 운행 원리로서의 도를 관조하고 자연으로의 복귀를 추구했다. 즉, 공자를 비롯한 유가 사상가들이 내세우는 인의는 사람 사이를 구획하고 차별하는 인위적인 규범에 불과하다는 것이 도가의 생각이었다. 그 결과 유가가 처세론을 앞세워 동아시아 사회의 지배 담론으로 자리 잡았다면, 도가는 도에 대한 관조와 자연으로의 복귀를 추구하며 유가가 내세운 인위적인 질서를 비판함으로써 대응 담론으로서 자리 잡고 면면히 이어졌다고 하겠다.

《한비자(韓非子)》

《한비자》는 전국 시대 한비가 쓴 책으로 법가 사상을 집대성한 책이며, 그중 〈해로(解老)〉 편은 《노자》를 해설하는 내용으로 주목 받는다. 그런데 《한비자》에는 노자의 본래 사상보다는 법가와 도가의 절충 지점, 즉 황로파에 가까운 해석이 주를 이룬다. 황로파는 중국 한나라 때 법가와 도가 사상의 융합을 도모한 정치 사상가 집단으로 황로는 황제(黃帝)와 노자(老子)를 가리킨다. 여기에서 황제는 중국 최고(最古)의 제왕으로 법칙의 발견자이자 법률의 제정자로서 법가를 상징하며, 노자는 말 그대로 도가의 시조다. 이런 사실로 미루어 볼 때 노장 사상은 전국 시대에 이르면 다양한 유파를 낳을 정도로 사람들 사이에 널리 신봉되었을 것으로 짐작된다.

춘추 전국 시대

춘추 전국 시대란 주나라 왕실이 이민족인 융족의 침입을 받아 서쪽의 장안에서 동쪽의 낙양으로 도읍을 옮긴 동주 시대(東周時代)를 지칭하는 말이다. 이 중 춘추 시대는 기원전 770년~476년까지로 공자가 편찬한 노(魯)나라의 편년체 역사책 《춘추(春秋)》에서 유래한 말이고, 전국 시대는 기원전 475년~221년까지 군소 제후들을 제압한 대국들이 패권을 다투던 시기를 말한다.

기원전 8세기 후반 주나라 왕실의 세력이 약해지자 100여 개국이 넘는 중원 지방(황허 유역을 말함)의 제후들이 반독립적인 상태로 활약하기 시작했다. 이 나라들은 서주(西周) 시대(주나라가 징안 지역에 도읍을 두고 있던 시대) 이래 존재하던 읍제 국가가 발전한 것이었다. 읍제 국가란 주나라 왕실로부터 땅을 분봉(分封, 봉건 제도에서 천자(왕)가 제후들에게 땅을 나누어 주는 일) 받은 제후들이 도읍을 중심으로 다스리던 형태의 봉건 국가를 말한다. 당시에는 철제 도구가 등장하지 않아서 농업 생산력이 약했기 때문에 몇몇 거점 지역(邑)을 중심으로 인구가 집중되어 있는 상태였다.

제후국들은 주나라 왕실의 지배력이 약해지면서 이합집산을 하는 양상을 보였다. 그중 좀 더 힘이 강했던 제후들은 주나라 왕실을 받들고 이민족을 물리친다는 존왕양이(尊王攘夷)를 대의로 내세우며 패권을 차지했다. 그래서 춘추 시대에 패권을 차지하려는 제후는 주왕으로부터 정통성을 인정받고 여러 읍의 맹주라는 입장을 확고히 하기 위해 전력을 기울였다. 강대국의 제후는 여러 제후들을 회의에 소집하여 맹주로 인정받는 회맹(會盟)을 열고 자신이 패자가 되었음을 선언했다. 이처럼 춘추 시대는 중반까지 강대국과 약소국이 서로의 존재를 인정하거나 약소국의 제후가 강대국의 제후를 떠받드는 형태로 지속되었다.

그런데 춘추 시대 초기에 200여 개에 이르던 제후국들이 말기에 이르면 10여 개국으로 줄어들고 만다. 철제 도구가 도입되고 농업 생산력이 발전하면서 강대국이 약소국을 병합했기 때문이다. 그 결과 기원전 5세기 말경에는 제(齊)·연(燕)·진(秦)·초(楚)·한(韓)·위(魏)·조(趙)의 일곱 개 국가, 즉 전국 7웅(七雄)이 큰 세력을 형성하고 서로 패권을 다투는 전국 시대가 열린다. 이후 전국 7웅은 합종연횡을 하면서 서로를 견제하거나 다투었으며 결국 장안 지역에 자리 잡고 있던 진나라가 기원전 221년 중국 전역을 통일하기에 이른다.

제자백가

춘추 전국 시대에는 열국(列國)이 분립하면서 다투는 정치적 혼란 가운데 사상과 문화가 꽃을 피웠다. 또한 천문·역법·수리·토목·건축·공예 등 산업 분야에서도 전례 없는 발전을 보였다. 그 이유는 서로 부국강병을 꾀하려고 특별한 재주나 능력을 가진 인재를 다투어 등용하거나 생산력 향상을 도모했기 때문이다. 이런 사정의 밑바탕에는 봉건적인 지배 질서의 하급 관리였던 사(士) 계층이 정치적 혼란으로 지위가 불안정해지자 자신의 입지를 강화하려고 부국강병을 위한 방책을 집중적으로 연구하여 각국의 제후들을 찾아가 유세객(遊說客)으로 활동하며 등용을 꾀하려는 상황이 놓여 있었다. 이들은 특정한 사상을 중심으로 세력을 형성하기도 했는데, 특히 예(禮)를 중심으로 한 유가 사상의 성립은 주목할 만하다. 공자는 부자와 형제를 축으로 하는 가족 도덕을 기본으로 하고 사회적 규율로서의 예를 중시했다. 또한 덕치주의에 의한 정치론을 전개했고 군신(君臣)의 의(義)를 강조했다. 그는 인(仁) 사상을 확립해 유교의 기본 원리로 삼았다.

이렇게 춘추 전국 시대에는 유가를 비롯해 여러 사상가들이 자신의 학파를 이끌고 제후 등 권력자들과 가까이 지내며 세력을 확대하려 했다. 이들 학파와 그들의 저작을 총칭해 제자백가라고 한다. 이 가운데 묵가(墨家)는 공리주의(功利主義) 입장에서 겸애(兼愛)·비공(非

攻) 등의 이념을 강조했고, 유가, 특히 맹자는 천명에 따른 도의적 정치, 즉 왕도(王道)를 행할 것을 주장했다. 법가(法家)는 군주의 권한을 절대화하고 법(法)과 술(術)에 의해 신상필벌(信賞必罰)을 엄격히 할 것을 주장했다. 도가 역시 이 시대에 등장했는데 무위자연의 도를 주장하면서 사회적 혼란의 원인을 인위적인 질서나 독단적인 이념이라고 비판했다. 이들 제자백가는 자신들이 난세를 풀어 갈 최적의 사상임을 내세우면서 서로를 비판하고 각각의 이론을 강화하는 등 깊은 영향을 주고받았다.

|일러두기|

1. 이 책은 《왕필의 노자》(예문서원, 1999)를 번역의 텍스트로 삼았으며, 《진고응이 풀이한 노자》, 《노자의 목소리로 듣는 도덕경》, 《노자 이야기》, 《노자 강의》 등을 참고하였다.
2. 《도덕경》 원전의 구성을 따라 2부 총 81장으로 나누었고, 각 장은 원문 번역과 그에 대한 풀어쓴 이의 해설을 덧붙여 이해를 도왔다.
3. 각 장의 제목은 원전의 핵심 내용을 중심으로 풀어쓴 이가 정리하였다.
4. 원문 가운데 학자들마다 견해가 다른 일부 글자는 문맥과 문리를 고려하여 노자의 사상에 가장 근접한 것을 선택했다.
5. 이해를 돕고자 《도덕경》 원문을 책의 마지막에 실었다.

도경

道經

제 1 부

도 경
道經

《노자》로도 불리는 《도덕경》은 〈도경〉인 상편 37장과 〈덕경(德經)〉에 해당하는 하편 44장으로 이루어졌다. 노자의 사상은 도로 시작해 도로 끝을 맺는다고 해도 지나치지 않을 정도로 그 중심에는 '도'라는 개념이 있다는 사실을 알아야 한다. 그러므로 도의 의미를 바르게 인식하는 것이 무엇보다 중요하다.

앞에서도 말했듯이 도가에서 말하는 '도'는 그 의미가 비할 데 없이 넓고 깊을 뿐만 아니라 말로 형용할 수 있는 것이 아니다. '도'는 만물의 근원이자 시공을 초월한 불변의 존재를 말하기도 하며 자연의 운행 원리나 인간이 마땅히 따라야 할 규범이기도 하다. 이렇듯 세상에 존재하는 만물의 중심에 위치하고 있는 '도'는 《도덕경》 내에서 총 73차례나 언급되고 있을 정도다.

　도의 원리에는 '되돌아오다' 또는 '상반되다'는 내용도 들어 있다. 살아 있는 것(生)과 죽는 것(死) 모두가 존재의 형식이자 순환하는 대립항인 것처럼 도는 상반되면서 순환한다. 여기서 상반은 선분상의 대척점처럼 반대편에 놓인 존재를 의미하는 것이 아니라 되돌아옴(복귀)을 전제로 한 순환의 고리를 말한다. 노자가 도의 운행에 대해 "근본으로 돌아간다는 것은 도의 움직임이다."라고 말한 것도 바로 이런 의미다. 또한 "도는 크게 가고 멀리 가지만 처음으로 되돌아온다."거나 "자연을 본받는 것이 곧 도"라는 말처럼 인위적으로 그렇게 되는 것이 아니라 본래 자연이 그러하듯 '낳고 자라고 쇠퇴하고 죽는' 순환의 원리를 의미한다. 그러므로 도는 노자가 말하는 무위 자연의 세계나 그 운행 원리를 총제적으로 표현하는 말이다.

1장
말로 표현된 도는 진정한 도가 아니다

말로 표현할 수 있는 도는 진정한 도(常道)가 아니며, 붙여진 이름은 본래의 이름(常名)이 아니다. 이름이 없는 것(無名)에서 하늘과 땅이 시작되고, 이름이 있는 것(有名)에서 만물이 생겨난다.

그러므로 변함이 없는 무(常無)로써 그 오묘함(妙)을 보려 하고, 변함이 없는 유(常有)로써 움직임(徼)을 보려 한다. 이 둘은 같은 것인데 세상에 나와 이름이 달라졌을 뿐이다.

이와 같은 것을 일컬어 심오(玄)하다고 하는데, 참으로 심오하고 심오하니 그 깊고 그윽함(玄)에서 만물의 오묘함이 생겨난다.

도는 노자 사상의 시작과 끝이라고 했듯이 노자는 《도덕경》의 첫머리에서부터 도라는 개념을 내세운다. 그렇다면 노자가 말하고자 하는 도란 무엇인가? 수많은 학자들이 도라는 개념에 대해 나름의 해석을 내놓았지만 전통적인 중국인의 사고에서 보면 도는 길이라는 의미를 지닌다. 길은 가기도 하지만 오기도 하며 곧기도 하지만 굽기도 한 쌍방 통행의 장소다. 즉, 도는 만물이 드나드는 길이라고 할 수 있다. 말하자면 만물이 시작되는 곳이기도 하고 만물이 나름대로 살아가는 장소이기도 하다. 이것을 보다 개념적인 말로 표현하자면 우주 만물의 존재 근거와 운행 원리라고 할 수 있다.

그런데 노자는 1장의 첫머리에서 세속에서 말하는 도라는 말은 진정한 도를 드러낼 수 없다고 하면서 상도(常道)라는 표현을 쓴다. '변치 않는 도=진정한 도'를 의미하는 상도는 모든 존재의 근거이니 인간의 좁은 식견을 드러내는 세속의 잣대로 존재의 근거, 즉 도에 대해 함부로 이야기해서는 안 된다는 것이다. 다시 말해 도는 인간의 말로 표현되는 순간 원래 의미를 잃고 한정되거나 규정되는 것이니 말로는 표현할 수 없는 오묘한 존재라는 것이다. 그러하니 '이름이 없는 도의 실체(無名)에서 하늘과 땅이 시작되고 이름이 있는 상태(有名)가 되면 만물이 비로소 자리 잡게 된다.'는 것이다. 세상 만물은 이름으로 표현된다. 하지만 도처럼 말로는 표현하기 어려운 존재도 있으니 그것을 노자는 무명이라 말했다.

"그러므로 변함이 없는 무로써 그 오묘함을 보려 하고, 변함이 없는 유로써 움직임을 보려 한다."라는 말이 그 뒤를 이어 나온다. 노자는 세상 만물을 태어나게 만드는 도의 작용, 그 운행의 원리를 파악하기 위해서 무와 유라는 두 개의 개념을 등장시킨다. 여기서 무라는 말은 존재가 없다는 의미보다는 존재가 구체적으로 드러나지 않은 상태를 의미한다. 도라는 존재는 드러나지 않으니 무의 상태이고 오묘하지만 그것의 작용을 파악하려면 드러난(=이름이 붙여진) 만물을 통하지 않으면 안 되니 유의 상태로서 보라는 말이다. 그런데

이 유와 무 "둘은 같은 것인데 세상에 나와 이름이 달라진" 것이니 도는 유무의 결합체이기도 하며 오묘함과 움직임의 결합체이기도 하다. 결국 도는 모든 존재의 근거이며 모든 존재의 운행 원리라는 것이다. 62장의 "도는 만물을 보살펴 준다. 착한 사람에게는 보물이고 착하지 않은 사람조차도 지니고 있다."라는 구절에서도 도가 의미하는 두 개의 의미, 모든 존재의 근거이자 모든 존재를 움직이는 작용 원리라는 것이 잘 드러나 있다. 이런 도의 오묘함을 두고 노자는 "참으로 심오하고 심오하다"라고 찬탄했다.

2장
유무(有無)는 상생하니

세상 모든 사람들이 아름답다고 여기는 것을 아름답다고 한다면 이는 추한 것이다. 세상 모든 사람들이 선이라고 여기는 것을 선으로 안다면 이는 선이 아니다.

유와 무는 서로 살게 하고 어려움과 쉬움은 서로를 이루며 길고 짧음은 서로 견주고 높고 낮음은 서로에게 기울며 가락과 소리는 함께 어우러지고 앞과 뒤는 서로 따르니 이것이 세상의 변치 않는 이치이다.

그러므로 성인은 억지로 도모하지 않고 말을 앞세우지 않는 가르침을 행한다. 만물이 나고 자람이 자신에게서 비롯됐다고 하지 않고 만물을 소유하려고도 않으며 무슨 일이든지 자신의 뜻대로 하지 않는다. 뜻한 바를 이루어도 안주하지 않기에 버림받을 일 또한 없다.

1장에서 도의 존재 근거나 그 작용을 다루었다면 2장에서는 이를 이어서 도의 존재 형식(모습)을 주로 말하고 있다. 노자는 2장의 첫머리에서도 1장처럼 세상 사람들이 인식하는 것의 한계와 문제점을 지적한다. 미와 추라든가 선과 악도 사람들이 그렇게 규정해 놓고 그것을 옳다고 주장하는 것일 뿐 막상 자연의 세계에서는 그것을 가리지도, 구분하지도 않는다는 것이다. 그래서 노자는 자연에서는 인간이 아름답다거나 추하다는 정의 자체가 무의미하다는 인식의 전환을 요구한다.

그리고 이어서 유와 무, 쉬움과 어려움, 길고 짧음, 높고 낮음 등 대립되는 개념들을 등장시켜서 도(=자연)의 세계가 어떤 형식으로 나타나는지를 말한다. 여기서 나오는 대립항들은 모두 상대적인 관계로 이루어져 있으며 서로 의지하며 보완하고 있다. 말하자면 혼자서는 의미가 없는 것, 존재가 드러나지 않는 것들이다. 가령 항상 있음(有)만 있고 항상 없음(無)만 있는 존재는 없다. 이와 더불어 이 둘은 서로 관계만 맺는 것이 아니라 서로 통하고 서로 변화한다. 있음은 없음으로 변화하고 없음은 있음으로 바뀐다. 이렇게 끊임없이 서로를 이루며 서로 상대편으로 변화하는 것이 이 세상, 곧 자연의 이치라는 말이다.

자연의 이치란 달리 말하면 무위의 이치이기도 하다. 자연이라는 말 그대로 스스로 그렇게 되는 것, 인위적으로 무엇을 규정하거나 의도하지 않는 것이다. 사람들이 인위적으로 설정한 가치 기준은 결국 자의적 판단과 독단적 해석에 지나지 않는다. 이 때문에 세상에는 의견 대립으로 인한 갈등과 분쟁이 끊이지 않는다. 따라서 도의 존재 형식이 상의성(相依性, 서로 의지함)과 조화성에 있음을 아는 사람, 즉 성인은 주관과 집착을 초월해 스스로 무위와 불언(不言, 말하지 않음)을 통해서 세상 사람들을 가르친다. 따라서 "뜻한 바를 이루어도 안주하지 않기에 버림받을 일 또한 없다."라고 한 것이다.

3장
마음을 비우고 배를 채워야

잘난 사람(賢)을 치켜세우지 않아야 백성들이 공을 다투지 않는다. 얻기 힘든 재화를 귀히 여기지 말아야 백성들이 재물을 훔치지 않는다. 욕심낼 만한 것이 보이지 않으면 백성들 마음이 어지럽지 않다.

성인의 다스림은 그 마음을 비우고 배를 채우며, 그 뜻은 무르게 하되 뼈는 단단하게 한다. 항상 백성들이 무지(無知, 여기서는 지식을 애써 추구하지 않는 것을 의미함)와 무욕(無慾, 욕심을 버리는 것)을 실천하게 하고 무릇 스스로 지혜롭다고 여기는 자들이 감히 나서지 못하게 한다.

억지로 무엇을 하려 들지 않으니 다스려지지 않음이 없다.

이 장에서부터 노자는 좀 더 단호하게 무위의 철학을 주장한다. 무위로 세상을 다스린다는 말은 무엇을 뜻하는가? 바로 잘난 사람, 세속에서 영리하다고 여기는 사람을 경계하고 모든 사람이 무위하고 무욕하면 세상은 제대로 돌아간다는 뜻이다.

여기서 현(賢)은 모든 면에 뛰어난 사람, 즉 잘난 사람을 뜻한다. "잘난 사람을 치켜세우지 말고 얻기 힘든 재화를 귀히 여기지 말라."라는 말에는 노자의 도덕적 지향이 제대로 담겨 있다. 잘났다는 사람을 치켜세우고 얻기 힘든 재화를 귀히 여기면 사회는 지나친 경쟁의식과 탐욕 때문에 분쟁으로 들끓게 된다는 것이다.

인간 사회의 문명이라는 것을 잘 들여다보면 결국 인위적인 목표를 설정하고 순위와 속도를 겨루는 경쟁의 장에 지나지 않는다. 보다 편리하고 보다 빨리 목표를 달성하거나 괄목할 만한 성장세를 보이는 것을 사람들은 '문명의 진보'라 생각한다. 하지만 이는 자연의 순리와는 전혀 다른, 도리어 그 반대의 진행이다. 자연은 경쟁하지 않는다. 자연에는 느리지만 조화로운 흐름이 있을 뿐이다.

그러나 문명에는 날선 경쟁이 대접 받는다. '앞선 사람을 치켜세우고 재화에 대한 욕심을 인정하는' 이른바 문명사회에서 경쟁은 권장 사항이다. 그래서 지나친 경쟁으로 사회적 갈등이 일어나고 인간성은 피폐해지는데도 이것을 오히려 발전이라고 잘못 인식할 수 있다. 노자는 자신이 살던 춘추 시대의 부국강병에 대한 경쟁과 더 많이 차지하기 위한 전쟁은 바로 이런 잘못된 인식 때문에 일어난 사태라고 보았다. 그래서 무위로 다스리면 세상은 바르게 된다고 주장한다.

오늘날 우리 인간이 처한 현실 또한 춘추·전국 시대와 다르지 않다. 인간이 만들어 낸 최선의 사회사상이라 일컬어지는 자유주의가 원래의 지향점이던 개인의 자유와 권리를 보장하기보다 사회적 갈등 구조를 확대 재생산하게 된 배경에도 인간의 경쟁과 욕심이 자리 잡고 있다. 높은 지위와 부의 축재를 칭송하고 경쟁이 자유주의의 핵심인 양 여기는 한, 보통 사람들의 마음은 늘 어지러울 뿐이다.

4장
만물은 텅 빈 도에서 비롯되었다

 도는 비어 있어 아무리 써도 다함이 없다. 끝 모를 깊음이 있으니 마치 만물의 근본인 듯하다.

날카로운 것을 무디게 하고, 복잡한 것을 풀어 주며, 빛을 부드럽게 하고, 티끌과도 어우러진다. 맑고 고요해 늘 그대로 있는 것 같다.

나는 도가 어디서 비롯됐는지는 알지 못하지만 절대자(象帝)보다 앞섰거니 짐작할 뿐이다.

도가 비어 있다는 말은 무슨 뜻인가? 이 말은 무엇이든 들어가지만 영원히 채워지지 않는 그릇을 생각하면 이해하기 쉽다. 한없이 물을 채운다고 하더라도 이 그릇은 가득 차 있는 상태로 되지 않는다. 말하자면 도는 세상 만물이 들어 있는 그릇과도 같은 존재, 즉 실체(=만물)가 그 속에서 존재하는 범주(=그릇)로 이해하라는 말이다. 그래서 도가 만물 탄생의 출발점, 이른바 절대자로 받아들이기 쉽지만 사실은 그게 아니라는 말이다. 원문을 보면 "만물의 근본인 듯하다"라고 하면서 사(似)라는 동사를 사용했는데 이 말의 의미는 '~인 듯하다'는 의미가 아니라 '~인 듯하지만 사실은 그렇지 않다'는 뜻이다.

앞 장에서 도란 만물의 근원이자 그 작용이라고 했는데, 보다 엄격하게 말하자면 도는 유와 무, 어려움과 쉬움 등의 대립항들을 하나로 묶는 형식이면서 그것들이 서로 어우러져 작용하도록 하는 그릇(=범주)인 셈이다. 그래서 노자 스스로도 "끝 모를 깊음"을 지닌 도가 "어디서 비롯됐는지 모르지만 절대자보다 앞섰거니 짐작할 뿐"이라고 말한다. 전통적인 중국인들의 사고에서 절대자(上帝=象帝=하느님)는 만물을 존재하게 만든 주재자를 말하는데, 노자는 도를 상제보다도 앞섰을 것으로 추정한다. 이는 도가 절대자의 개념을 넘어 세상 만물의 근거이자 그 작용 원리라는 훨씬 더 큰 개념임을 에둘러 표현한 말이다.

5장
하늘은 치우치지 않는다

하늘과 땅은 어질지 않아서(天地不仁) 세상 만물을 짚으로 만든 강아지로 여긴다. 성인은 어질지 않아서 백성을 짚으로 만든 강아지로 여긴다.

하늘과 땅 사이는 풀무와 같구나! 비어 있으나 굽어지지 않고 움직일수록 더 많이 낳는다.

말(言)이 많으면 궁지에 몰리니 그 알맞음(中)을 지키느니만 못하다.

이 장에서는 우선 천지불인(天地不仁)의 뜻을 잘 새겨야 한다. 인(仁)은 보통 '어질다'라고 해석하나 이는 유가에서 말하는 것으로써 노자가 보기에 다분히 '의도적이고 인위적인 베풂'이라는 뜻을 띠고 있다. 노자에게 유가의 인은 자기중심적인 베풂, 즉 편애다. 따라서 "하늘과 땅은 어질지 않다."라는 말은 '하늘과 땅은 편애하지 않는다.'라고 이해할 수 있다. "하늘은 세상 만물을 짚으로 만든 강아지로 여긴다."라는 말은 하늘은 세속의 가치관과 무관할 뿐만 아니라 어떤 존재에 대해서도 불편부당(不偏不黨, 아주 공평해 어느 한쪽으로 치우치지 아니함)하다는 뜻이다.

하늘과 땅 사이가 풀무와 같이 비어 있다는 말은 4장에서 도가 텅 비어 있다고 한 의미와 비슷한 표현이다. 풀무(橐籥)는 대장간에서 불을 잘 지피기 위해 바람을 넣는 도구인데 그 가운데는 텅 비어 있다. 텅 빈 상태, 즉 채워질 수 없는 그릇과 같은 무의 상태가 있어야 만물은 그 속에서 낳고 자랄 수 있다. 다시 말해 무와 유가 서로 바뀌고 변화하는 도의 형식 속에서 "비어 있으나 굽어지지 않고 움직일수록 더 많이 낳는" 도의 작용을 통해 만물이 태어나고 소멸되게 마련이다. 그다음 구절에서 말(言)은 1장에서 나온 말과 마찬가지로 인위적인 규정이나 인식 체계를 의미한다. 그래서 노자는 이런 체계를 더 많이 가질수록 도리어 인간은 자유롭지 못하게 되니 풀무의 한가운데에 있는 것처럼 중(中)의 자세를 알맞게 지키는 것이 바람직하다고 말한다.

6장
만물의 작용은 다함이 없느니

골짜기의 신(谷神)은 죽지 않으니, 이는 깊이를 가늠할 수 없는 모성(玄牝)이다.
깊이를 가늠할 수 없는 모성의 문을 일컬어 천지의 근원이라고 한다.
이어지고 또 이어지니 쓰고 또 써도 다함이 없다.

도의 모습이나 특징을 여러 가지 비유를 통해 설명하려는 시도가 앞 장부터 이어지고 있다. 4장에서는 도의 비어 있음(沖)을, 5장에서는 도의 불편부당함(不仁)을 말했다면, 이 장에서는 곡신과 여성의 생식기에 비유하면서 도의 끊이지 않는 생명성을 보여 준다. 노자는 수많은 동식물을 먹이고 기르는 골짜기나 아이를 낳는 여성의 생식기가 생명의 탄생을 상징한다고 보았다. 그래서 이 둘을 끊임없이 생명을 낳고 기르는 도와 가깝다고 보았다. 이렇게 모성성을 지닌 도가 만물을 낳고 끊임없이 작용하니 도는 무궁무진한 생명의 원천인 셈이다.

7장
천지가 영원한 까닭

천지는 영원하다(天長地久). 천지가 이토록 영원한 까닭은 스스로 삶을 도모하지 않기 때문이다. 그러므로 오래 살 수 있다.

성인도 자신을 내세우지 않음으로 모두의 본보기가 되며, 자신을 도외시함으로 자신을 보존한다. 이는 성인이 사욕이 없기 때문이 아니겠는가? 그래서 능히 자신을 완성하는 것이다.

천장지구(天長地久)란 하늘은 길고 땅은 오래간다는 의미인데 천지가 영원하다는 뜻이다. 나아가 이런 천지의 오래감은 스스로의 삶을 의도적으로 도모하지 않기 때문이라고 덧붙인다. 무위자연하므로 오래도록 살 수 있다는 말이다.

이 장에서는 "성인은 자신을 내세우지 않음으로 모두의 본보기가 되며, 자신을 도외시함으로 자신을 보존한다."라는 구절을 제대로 살펴보아야 한다. 노자는 2장에서 상대적 관계 속에서 조화를 이루는 도의 형식과 작용에 대해 언급한 바 있다. 있음과 없음, 아름다움과 추함, 쉽고 어려움, 길고 짧음, 높고 낮음 등은 모두 상대적인 관계로서 대립항이면서도 서로 의지하고 보완한다는 것이 그 내용이다. 이러한 입장에서 본다면 '선(앞)'과 '후(뒤)' 또한 다르지 않다. 노자는 "성인은 자신을 내세우지 않음으로써 모두의 본보기가 된다." 라고 말하면서 앞과 뒤를 서열로 인식하는 세속의 판단을 나무라고 있다. 성인은 뜻을 이루고자 스스로 뒤를 선택할 줄 알며, 심지어 그 뜻을 잃어버리기조차 한다. 이처럼 자신을 뒤로하고 스스로를 낮출 때 존경과 추앙을 받게 되는 것이다. 뒤처지는 듯한 행동이 오히려 뜻을 이루게 한다. 바다가 모든 물을 아우르고 드넓은 영역을 차지할 수 있는 까닭 또한 스스로 낮은 데 있기 때문이다.

현대인의 삶은 경쟁의 연속이다. 무엇이 우리를 이토록 치열한 경쟁의 장으로 내모는가? 바로 자신의 뜻을 남보다 앞서 관철하려는 욕심이다. 앞서고자 하는 욕심은 결국 다른 이들의 경쟁심을 부추길 뿐 아니라 질투심까지 유발해 싸움으로까지 번진다. 노자의 말처럼 욕심을 앞세우지 않으면 모두의 본보기가 될 수 있으며 오히려 자신을 완성할 수 있다. 적극적인 리더십으로 포장해 상대를 제압하지 말고 겸양과 포용의 리더십을 발휘하라는 의미다. 바다가 낮은 곳에 처해 모든 내와 강을 포용하며 스스로를 완성하는 것처럼 성인 또한 겸양과 포용의 태도로 자신의 뜻을 완성하는 것이다.

8장

최상의 선은 물과 같다

최상의 선은 물과 같다. 물은 만물을 이롭게 할 뿐 다투지 않는다. 모든 사람이 싫어하는 곳에 기꺼이 머무니 도에 가장 가깝다.

그래서 물을 닮은 군자(=성인)는 머물 곳을 잘 고르고, 마음은 그윽하게 유지하며, 다른 사람에게는 어질고, 말에는 믿음이 있으며, 다스리되 질서가 있고, 일을 할 때에는 솜씨 있게 잘하며, 때에 알맞게 행동한다. 전혀 다투지 않으니 책잡힐 일도 없다.

노자의 표현에서는 계곡이나 여성이 생명의 탄생과 연관되어 도의 모습과 닮았듯이 물 또한 도를 드러내는 상징으로 자주 쓰인다. 사실 물처럼 도를 알맞게 상징하는 것도 없다. 모두가 높은 곳을 지향할 때도 물은 낮은 곳을 지향하고 위험하거나 더러운 곳도 마다하지 않는다. 사람들이 꺼리는 곳에 머무니 노자는 '도에 가장 가깝다'고 말한 것이다.

공자 또한 군자의 도를 말하면서 물에 비유했다. "물은 널리 퍼져 만물에 생명을 주고, 낮은 곳에 머무니 처세의 본보기가 되고, 군자의 지혜처럼 깊이를 알 수 없고, 심연을 향해 거침없이 내닫는 용맹함을 보인다. 작은 틈에도 스미니 세심한 통찰에 비견되고, 스스로 더럽히지 않았으나 탁류라 배척당해도 억울함을 호소하지 않고, 항상 수평을 이루어 군자의 바른 마음가짐을 떠올리게 한다."(《설원(說苑)》) 사상적으로 서로 다른 입장을 가진 공자였지만 물로써 도를 상징하고자 했던 점에서는 노자와 같았던 것이다.

현대인에게 물 같은 처신은 자칫 유약하게 비칠 수 있다. 하지만 노자는 물론 공자의 물 예찬론을 통해 보면 물과 같은 처신이 지니는 참된 의미를 알 수 있다. 물은 자신을 낮추고 다투지 않으며 헌신적이나 단호하게 자기 길을 간다. 이것은 유약함이 아니다. 이기적이고 탐욕스러우며 비정한 현대인들의 삶을 불에 비유한다면 그와 반대 지점에 있는 군자나 성인의 삶은 물과 같아서 생명과 겸양을 필수 요소로 삼는다. 경쟁에 지친 현대인에게 도리어 바람직한 삶의 전범(典範)이 아닐 수 없다.

9장
공을 이루었으면 물러나야 한다

 계속 채우려는(盈) 것은 적당함을 알아 그만두느니만 못하다. 칼날처럼 날카롭게 벼리면, 오래 보존하기가 어렵다. 금과 옥이 집에 가득하면 이를 지키기가 어렵고, 부귀로 인해 교만하면 스스로 허물을 남기게 된다.

공을 이루면 물러나는 것이 하늘의 도요 자연의 이치다.

마지막에 나오는 "공을 이루면 물러나는 것이 하늘의 도요 자연의 이치다."라는 구절은 9장의 제일 앞에 나오는 '무언가를 가득 채운다.'는 뜻의 영(盈)과 연결된다. 영은 가득 차고 넘침을 말한다. 다시 말해 지나치다는 뜻이다. 지나침은 모자람만 못하다. 기독교의 《성경》에서도 "교만은 패망의 선봉"(《이사야서》)이라 했다. 노자는 "교만하면 스스로 허물을 남기게 된다."라고 말하기도 했다.

이 대목에서 자연스럽게 떠오르는 시 한 수가 있으니, 바로 살수대첩을 이끈 을지문덕 장군이 수나라 장수 우중문을 조롱하려고 지어 보낸 〈여수장우중문시(與隋將于仲文詩)〉다.

신기한 책략은 하늘의 이치를 꿰뚫었고
오묘한 계책은 땅의 이치에 도달했도다.
전쟁에서 이긴 공이 이미 높으니
만족함을 알고 그만두기를 바라노라.

이 시에서 기와 승에 해당하는 1, 2행은 대구를 이루어 적장을 칭찬하는 듯하나 그 속에는 야유와 조롱이 감춰져 있다. 또한 전과 결인 3, 4행은 언뜻 칭찬과 권고로 보이나 그 안에는 단호한 경고의 뜻이 담겨 있다. 이와 같은 행간의 의미 못지않게 이 시가 중요한 것은 《도덕경》과 얽힌 관계 때문이다.

"만족함을 알고 그만두기를 바라노라(知足願云止)."라는 결구는 을지문덕의 강한 자신감이 담긴 주제 행으로, 《도덕경》44장에 나오는 "만족할 줄 알면 욕됨을 면하고 그칠 줄 알면 위태롭지 않다(知足不辱 知止不殆)."라는 대목에서 끌어온 표현이다. 언뜻 보면 침략을 끝내고 물러가기를 권고하는 글귀 같지만, 그 속에는 멈추지 않으면 응징하겠다는 경고의 뜻이 담겨 있다. 고구려 말기에 노자의 가르침이 널리 유행했다는 역사 기록이 있는데 을지문덕은 노자의 견해를 인용한 것으로 보아 문무를 겸비했던 장수가 아닐까 싶다.

10장
그대는 무위하신가

정신과 육체를 하나로 합쳐 떨어지지 않게 할 수 있는가? 기를 모아 부드럽게 하여 어린아이와 같아질 수 있는가? 마음의 거울을 깨끗이 닦아 티끌 하나 남지 않게 할 수 있는가? 백성을 아끼고 나라를 다스리는 데 무위로써 할 수 있는가? 감각을 열고 닫으매 여인처럼 조신할 수 있는가? 모든 방면에 두루 통달했으면서도 무위할 수 있는가?

낳고 기르되 낳았다고 가지려 하지 않고 키웠다고 기대지 않으며 성장을 이끌지만 지배하지는 않으니 이것을 일컬어 그윽한 덕(玄德)이라 한다.

노자의 수양에 대한 생각을 들여다볼 수 있는 장이다. 정신과 육체를 하나로 통일시킨다든가 기를 모아 어린아이와 같아진다든가 마음의 거울을 닦아 티끌을 없앤다든가 감각을 열고 닫으면서 여인처럼 조신하게 한다든가 등의 행위는 모두 불교나 도교에서 정신 수련이나 기공 수련에 자주 사용되는 수양 방법이다. 이 중 어린아이와 같아진다는 것은 어린아이가 지닌 천진난만하고 깨끗한 마음 상태로 돌아가거나 어린아이의 피부처럼 맑고 부드러운 상태로 돌아가는 것이 높은 수련의 경지에 도달한 것이라고 여겨서 나온 말이다. 또한 감각을 조절하되 여인처럼 조신하라는 말 또한 앞에서도 지적했듯이 여성이 부드러움과 포용성을 지니고 있고 도의 생명성, 생산성을 상징하기 때문에 나온 말이다.

"감각을 열고 닫는다(天門開闔)."라는 표현이 이 장을 이해하는 관건처럼 작용한다. 흔히 천문(天門)을 만물이 시작되는 '하늘의 문'이라고 해석하는 우를 범하기 쉽다. 하지만 여기서 천문은 '감각의 문'으로서 눈, 코, 귀, 입과 같은 감각 기관을 가리킨다. 말하자면 색채, 냄새, 소리, 맛이 드나드는 문이다. 감각의 관문이란 하늘이 인간에게 내려준 기관이기에 천문이라 표현한 것이다.

《장자》〈천운(天運)〉편에도 천문과 관련해 다음과 같은 구절이 있다. "마음으로 아니라고 생각하는 것들에 대해서, 천문은 열리지 않는다(其心以爲不然者, 天門弗開矣)." 이 말은 마음이 감각의 문지기이니 마음으로 감각이 드나드는 오관을 통제하는 것이 곧 수양이라는 의미를 담고 있다. 하지만 여기서 통제한다는 말은 단절, 곧 그것을 끊어 버리는 행위가 아니다. 오히려 마음을 운행하되 "모든 방면에 두루 통달했으면서도 무위할 수 있는가."라고 말했듯이 무위의 도를 행하라는 뜻이다. 그러면 무위의 도는 어떤 것인가? 노자는 "낳았다고 가지려 하지 않고 키웠다고 기대지 않으며 성장을 이끌지만 지배하지는 않는" 것이 바로 무위의 도라고 지적한다. 감각의 문인 천문을 욕망이 드나드는 문이 아닌 관조와 성찰과 자족의 계기로 삼으라는 뜻이다.

11장

유는 이롭고 무는 쓸모 있다

서른 개의 바퀴살이 하나의 축에 모여도 그 중간에 빈 곳이 있어야만 수레로서 쓸모가 있다. 찰흙을 빚어 그릇을 만들지라도 그 안에 빈 곳이 있어야만 그릇으로 쓰일 수 있다. 문과 창을 내어 방을 만들더라도 빈 곳을 두어야 방으로서 쓰일 수 있다. 그러므로 유(有)는 이로움의 바탕이 되고 무(無)는 쓸모를 낳는다.

노자의 '유'와 '무'에 대한 절묘한 비유를 대하고 보니 2장에 나온 "유와 무는 서로를 살게 한다."라는 말이 자연스레 떠오른다. '유'의 쓸모는 바로 '무'에서 비롯된다. 수레바퀴나 질그릇, 방 등에 빈 곳이 없으면 어떻겠는가? 아무런 쓸모도 없을 뿐 아니라 존재해야 할 이유조차 없다. 그러므로 무가 있기에 유가 있게 마련이며 무가 없으면 유의 쓸모도 없는 것이다. 유와 무가 함께 있어야 존재(=우주 만물)를 만들 수 있다는 절묘한 비유로써 실용(=유=꽉 채움)에 치우치고 매달리는 세태에 경종을 울리는 대목이다.

미국의 성공을 보면서 결과적 효용성이 최선이라고 여기는 현대인들도 귀를 씻고 들어야 할 말이다. 일찍이 스티브 잡스는 CEO로 있는 애플사의 신제품 출시 행사에서 기술 개발에 대한 자신의 소신을 다음과 같이 밝힌 바 있다.

"애플사는 그동안 인문학(Liberal Arts)과 기술(Technology) 사이에서 고민해 왔습니다. 우리는 인간이 기술을 따라가는 것이 아니라, 인간을 위한 기술을 구현하기 위해 최선을 다하고 있습니다."

IT 산업의 선도자이자 탁월한 경영자였던 스티브 잡스가 노자의 '유무상생'을 알고 있었는지는 모르겠으나 그가 무형의 인문학적 상상력과 유형의 결과적 효용성을 결합하려고 노력했다는 사실만큼은 명백하다. 마치 "유는 이로움의 바탕이 되고 무는 쓸모를 낳는다."라는 노자의 가르침을 구현한 것처럼…….

12장
화려함은 배부름만 못하다

화려한 색깔은 사람의 눈을 멀게 하고, 요란한 소리는 사람의 귀를 막으며, 다양한 맛은 사람의 입맛만 잃게 한다. 말을 타고 짐승을 사냥하는 일은 사람의 마음을 미치게 하고, 얻기 어려운 재화는 사람의 행실을 나쁘게 한다. 그런 까닭에 성인은 시장기만 면하려 할 뿐 눈요깃거리는 취하지 않고 자족의 삶을 산다.

감각 기능 중에서 굳이 인간만이 가동할 수 있는 것을 꼽으라고 하면, 미적인 것을 추구하는 심미의 눈과 소리를 가려서 듣는 청음의 귀를 들 수 있다. 코와 입으로 느끼는 감각은 관능적이어서 동물과 공유한다는 것이 일반적인 이론이다. 하지만 노자는 이 둘을 구분 짓지 않았다. 비록 인간만이 지녔다는 심미의 눈과 청음의 귀일지라도 화려한 색깔과 요란한 소리에 끌리면 식탐에 사로잡힌 관능적 미각과 다를 바 없다는 것이다. 이와 같은 감각적 쾌락에 더해 기호(嗜好)와 재물에 대한 욕구는 인간을 일상적인 행위로부터 이탈시킨다. 감각적 쾌락과 기호에 대한 욕구는 인간을 타락시킬 뿐이다.

오늘날 현대인의 감각적 쾌락과 기호에 대한 지나친 집착은 도를 넘었다. 유명 화가의 그림은 안복(眼福, 눈의 즐거움)을 넘어 투기 수단이 된 지 오래고, 명창이나 오케스트라에 대한 과시적인 집착은 공연장을 귀족들의 사교장으로 만들었다. 어디 그뿐인가. 현대인의 기호 가운데 하나인 골프로 인한 폐해는 수렵으로 인한 폐해 못지않게 심각하다. 숲과 초원은 짓뭉개지고 하천은 신음한다. 이 모두가 감각적 쾌락과 기호에 대한 지나친 욕구가 낳은 결과다. 노자가 권하는 자족과 소박함이 절실해지는 이유도 여기에 있다.

13장
몸이 있어 환난이 있다

총애를 받거나 굴욕을 당하는 일 모두 깜짝 놀랄 일을 당한 듯 해야 한다. 큰 환난을 마치 자기 몸 중시하듯이 해야 한다.

총애를 받거나 굴욕을 당하는 일 모두 깜짝 놀랄 일을 당한 듯 한다는 것이 무슨 말인가? 총애를 받는 일은 하등한 것이다. 그러니 얻어도 놀란 듯이 하고 잃어도 놀란 듯이 해야 한다. 굴욕도 총애처럼 깜짝 놀랄 일을 당하는 것처럼 여겨야 한다.

큰 환난을 내 몸과 같이 중히 여기라는 것은 무슨 뜻인가? 나에게 큰 환난이 있는 까닭은 나의 몸이 있기 때문이니 나에게 몸이 없으면 내게 큰 환난이 어떻게 생기겠는가? 그러므로 내 몸을 중히 여기는 태도로써 천하를 다스리고자 한다면 천하를 맡길 수 있으며, 내 몸을 사랑하듯이 천하를 사랑한다면 천하를 그에게 맡길 수 있다.

노자의 상대적인 가치관을 엿볼 수 있는 장이다. 총애와 굴욕에 대한 사람들의 호불호는 분명하다. 하지만 총애와 굴욕 또한 영원히 변하지 않는 것이 아니다. 역사의 변천에 따라 총애가 굴욕이 될 수 있고, 굴욕이 총애로 바뀔 수 있다. 독재 권력에 항거하던 사람들이 기득권층에게서 받은 굴욕은 세상이 바뀌게 되면 대중의 총애로 되돌아오기도 한다. 의사(義士)나 열사(烈士), 지사(志士)로 추앙받는 이들이 좋은 본보기다. 그러하기에 총애나 굴욕 그 어떤 것도 놀라거나 당황한 듯이 대하라는 것이다. 스스로 옳다고 믿는 일을 하다가 겪게 된 욕됨도 비굴한 일로 여기지 말아야 한다. 《성경》에도 이르지 않던가. "현재의 고난은 앞으로 나타날 영광과 족히 비교할 수 없다."(《로마서》)라고……

나아가 노자가 생각하는 총애와 굴욕은 유가에서 말하는 인위적인 가치 체계에 불과한 것이니 그것에 연연하지 말라는 의미도 담겨 있다. 총애란 군주에게 잘 보여 높은 지위에 오르는 입신양명이고 굴욕은 관직에서 밀려나는 것을 뜻하는 말이기도 하다. 하지만 이렇게 인위적으로 만든 위계질서와 지위는 자연의 질서와는 무관한 것이다. 자연의 질서에서 보면 인간 자체도 하찮은 존재인데, 하물며 지위와 계급을 따져 무엇하겠는가. 그러니 무위의 자세로 매사를 대하면 총애를 받는 일도 저급하고 하등한 것에 지나지 않다는 것이 노자의 생각이다.

그런데 "큰 환난을 마치 자기 몸 중시하듯이 해야 한다."라는 말은 무슨 뜻인가? 44장을 미리 가 보면 "명예와 몸은 어느 것이 더 가까운가? 몸과 재물은 어느 쪽이 더 중한가?"라는 구절이 나온다. '몸'이 더 중요하다는 답변을 유도하는 듯한 질문을 통해 노자는 명예나 재물, 심지어는 감당키 어려운 고난 속에서도 포기해서는 안

되는 것으로 몸을 지적하고 있다. 하지만 노자가 중시하는 몸은 자신의 안위만을 앞세우는 위아주의자(爲我主義者, 자신의 이익만을 위해 행동하는 사람) 양주(楊朱, ?BC. 440~?BC. 360년. 중국 전국 시대 초기의 철학자로 노자 사상의 영향을 받았으나 철저한 개인주의와 쾌락주의를 주장함)가 말하는 '몸'과는 다르다. 자신에게 해가 되는 일은 터럭만큼도 행하지 않으려는 이기적인 몸이 아니라, 그 어떤 것에도 기울지 않고 자연의 소박함에 머무르려는 주체적인 몸이다. 이처럼 '자신의 소박한 몸을 귀하게 여기는 사람이라야 세상 또한 귀하게 여긴다.'는 것이 노자의 생각이었으니, 자기 몸을 귀하게 여기는 사람에게 천하를 맡겨도 충분하다고 말한 것이다.

14장
형상 아닌 형상

보려고 해도 보이지 않는 것을 이름 하여 이(夷)라 하고, 들으려 해도 들리지 않는 것을 이름 하여 희(希)라 하며, 만지려 해도 만져지지 않는 것을 이름 하여 미(微)라 한다. 이 세 가지는 끝내 밝힐 수가 없는데, 이는 하나로 뒤섞여 있기 때문이다.

그 위는 밝지 않고, 그 아래는 어둡지 않아 끊임없이 이어지니 무어라 이를 수 없으며 아무것도 없는 상태로 돌아간다. 이것을 형상이 없는 형상이라고 하니 아무것도 없는 모습이다. 이것을 일러 홀황이라 한다. 마중하려 해도 그 머리를 볼 수가 없고, 따르려 해도 그 뒷모습을 볼 수가 없다.

옛날의 도로써 현재의 일들을 다스린다. 도의 시초를 아는 것을 일컬어 도의 근본이라 한다.

도의 본체(體)와 작용(用)에 대해서 다시 한 번 설명하고 있는 장인데, 내용이 꽤 까다로운 편이다.

먼저 노자는 도가 눈이나 소리, 촉감 등의 감각이나 지각으로 경험할 수 있는 사물과는 다른 것이라면서 도는 형상이 있는 것이 아니라고 말한다. 역으로 말하자면 형상이 없으니 색깔도 없으며, 소리 또한 없다. 그래서 도는 "보려고 해도 보이지 않고, 들으려 해도 들리지 않으며, 만지려 해도 만져지지 않는다." 도는 감각과 지각을 초월한 어떤 것이라고 짐작할 수 있을 뿐이다. 말하자면 형체를 볼 수 있는 구체적인 사물을 의미하는 유물(有物), 또는 물(物)과 달리 도는 형체를 볼 수 없는 무물(無物)이라는 것이다. 이 말은 《주역(周易)》 〈계사전(繫辭傳)〉에 나오는 "형체를 초월한 것을 도(道)라 이르고, 형체 안에 머무는 것을 기(器)라 이른다(形而上者 謂之道 形而下者 謂之器)." 라는 말과도 일치한다.

도는 이렇게 형상을 가진 실체가 아니지만 그 작용은 '끊이지 않고 이어져서 아무것도 없는 상태로 돌아간다.' 이 말은 2장에서 말했듯이 도가 유와 무의 대립항으로 서로 의존하며 동시에 상대로 돌아가는 작용을 한다는 말과 같은 의미를 지닌다. 마치 새끼줄처럼 서로 꼬이고 이어진 유(=유물)와 무(=무물)로 우주 만물을 이루지만 결국 도의 원래 자리인 형상이 없는 상태, 즉 무의 상태로 돌아간다는 것이다.

노자는 이어서 도가 "형상이 없는 형상이라고 하니 아무것도 없는 모습이다. 즉, 홀황이라 일컫는 것이다(無狀之狀, 無物之象. 是謂惚恍)."라고 말한다. 여기서 주목해야 하는 것은 상(狀)과 상(象)이라는 단어다. 원래 상(狀)이란 어떤 형태를 지닌 상태를 의미하는 말이고, 상(象)이란 움직임이 있는 상태를 지칭하는 말이다. 말하자면 원래의 도는 인간의 눈이나 감각 등으로 파악할 수 있는 형상이 있는 존재가 아니며 동시에 구체적인 사물이 있는 상태도 아니다. 그렇지만 그 움직임이 있음으로써 세상 만물을 이루게 된다는 것이다. 앞에서 지적한 대로 우리가 지각할 수 있는 형체를 초월해 존재하는 형이상자(形而上者)이면서 만물이 그 안에서 태어나고 자라고 죽는 그릇, 즉 존재 형식이 바로 도라는 것이다. 그렇기 때문에 노자는 도를 홀황, 즉 있는 듯하면서 없는 '홀'과 찬란하면서도 일정하지 않은 '황'이라는 말로 그 신비함을 표현한다. 도는 '맞이하려고 해도 보이지 않고 뒤따라가려고 해도 보이지 않는' 황홀한 존재인 셈이다.

　그런데 마지막에 나오는 "옛날의 도로써 현재의 일들을 다스린다."라는 말은 무슨 뜻인가? "옛날의 도"라는 표현을 두고 이러저러한 해석들이 있지만 단순하게 보자면 노자 이전부터 도라는 말은 널리 통용되었을 것이고 노자가 특별하게 만들어 낸 개념은 아닐 것이다. 미루어 짐작하자면 노자가 말하는 "옛날의 도"란 유가나 다른 제자백가에서 사용하는 도라는 말이 인간이 따라야 할 인위적인 도리라는 차원으로 왜곡되고 있으니 본래적인 의미의 도, 즉 자연의 이치를 의미하는 도를 일컫는다고 하겠다. 도는 만물의 존재 근거이자 규범이며 무위자연의 이치를 담고 있으니 그것을 따르면 노자 당대의 여러 문제를 해결할 수 있다는 점을 강조한 말이다. 그러면서 노자는 도라는 말의 출발 지점, 즉 자연의 이치라는 의미를 정확하게 파악하는 것이야말로 도를 제대로 아는 근본이라고 결론짓는다.

15장

도를 아니 새로운 것이 없다

 옛날에 도를 잘 행했던 이들은 작고 묘한 것까지 다 통달했기에 그 깊이를 알 수가 없다. 깊이를 알 수 없기에 (도를) 억지로 형용해 본다. 예를 들자면, 신중한 태도는 겨울에 살얼음판을 걷는 듯하고, 머뭇거리고 조심스럽기는 사방 모든 것을 경계하는 듯하고, 의젓하고 엄숙함은 초대받은 손님과 같으며, 부드러운 모습은 마치 얼음이 녹는 듯하고, 소박함은 다듬지 않은 통나무 같으며, 광활함은 깊은 산 계곡과 같고, 모든 것을 넉넉히 포용하는 모습은 마치 흐린 물과도 같다.

그 누가 흐린 물을 고요히 안정시켜 서서히 맑게 하겠는가? 그 누가 가만히 있는 것을 천천히 살아 움직이게 하겠는가? 도를 체득한 사람은 꽉 채우려고 들지 않는다. 채우려고 들지 않기에 새로이 이룰 것이 없다.

앞 장에서 도의 본체와 작용을 설명하면서 사람이라면 마땅히 도에 따르라 했다. 그렇다면 도를 아는 사람은 어떻게 처신해야 할까? 이 장에서 이에 대한 답을 구할 수 있다.

도를 아는 자의 처신은 간단치 않다. 단순히 행동하면 모자라다고 하고 복잡한 심사를 내비치면 넘친다고 한다. 그 때문에 선각자나 지식인들의 처신은 조심스러울 수밖에 없다. 그래서 노자는 도를 아는 사람의 태도를 일컬어 "신중한 태도는 겨울에 살얼음판을 걷는 듯하고, 머뭇거리고 조심스럽기는 사방 모든 것을 경계하는 듯하다."라고 한 것이다.

여기서 신중한 태도라고 번역한 예(豫)와 조심스러움으로 표현한 유(猶)는 후한 시대에 만든 문자 해석서인 《설문해자(說文垓字)》에서는 각각 코끼리와 원숭이를 가리키는 말로 설명한다. 이 두 동물은 다른 동물에 비해 의심이 많고 조심스럽게 행동한다는 공통점이 있어서 신중함이나 조심스러움을 표현하는 말로 되었다고 한다. 도를 깨우친 지식인의 처신을 두 동물에 비유한 까닭도 도를 아는 자일수록 신중해야 한다는 뜻에서일 것이다. 신중한 태도는 의심을 품고 주저하는 모습과는 사뭇 다르다. 어느 한쪽에 기울거나 부분에 매몰되지 않고 모두의 입장을 고려하는 태도가 바로 도를 아는 지식인이 취해야 할 신중한 태도다.

그뿐만 아니라 '다듬지 않은 통나무'나 '흐린 물'과도 같다는 대목에서는 소박함과 포용력을 신중함과 더불어 선각자나 지식인이 지녀야 할 삶의 자세라고 이른다. 산정에 고인 맑은 물은 사방으로 흘러내려 모든 생명이 살게 하는 시원이 되나 계곡을 타고 흘러내려 밭으로 스민 흐린 물은 대지와 만나 생명을 영글게 한다. 도를 아는 자는 이처럼 스스로 삼가면서 부드럽고 엄숙하게 처신하여 모두에게 생기(生氣)로 와 닿는다.

마지막 구절에서 노자는 다시 한 번 오직 도만이 '흐린 물을 서서히 맑게 하고 움직이지 않는 사물에 생기를 불어넣을' 수 있다고 강조한다. 여기서 흐림과 맑음, 멈춤과 움직임 또한 그동안 강조해 왔

던 도의 형식을 이루는 대립항이자 서로 상대에게 의존하고 되돌아
가는 도의 작용을 나타내는 개념이다. 그러니 이런 도의 이치를 깨
달은 사람은 인위적으로 무엇을 채우거나 이루려고 안달복달하지
않으며 무위의 자세를 취함으로써 도리어 조화롭고 올바른 세상을
이룰 수 있다는 것이다.

16장
근본으로 돌아감이 운명이다

마음을 끝까지 비우고 고요함을 꾸준히 지켜라. 만물은 어
우러져 자라는데 나는 그것들이 다시 본래의 모습으로 돌아
가는 것을 본다. 만물은 아무리 무성해도 각각 그 근본으로 되돌아간
다. 근본으로 돌아가는 것을 일컬어 고요함(靜)이라 하고, 또한 이 고
요함이 바로 존재가 돌아가야 할 운명이다.

본래의 운명으로 되돌아가는 것은 영구불변의 이치이며 이러한 이
치를 아는 것이 밝은 지혜(明)이다. 영구불변의 진리를 알지 못하면
거리낌이 없어져 해서는 안 될 짓을 하게 된다. 영구불변의 진리를
알면 널리 포용하고, 포용하면 공평하게 되고, 공평해야 세상을 온전
케 할 수 있으니, 이것이 곧 자연의 이치요 도다. 자연의 이치에 따라

야 오래갈 수 있고 수명이 다할 때까지 위태롭지 않다.

"만물은 어우러져 자라는데 나는 그것들이 다시 본래의 모습으로 돌아가는 것을 본다." 이 말 속에는 사물과 세상을 관조하는 깨달은 자의 예지(叡智)가 담겼다. 자연의 조화로운 순환을 들여다볼 정도면 그 자체로 깨달음에 이른 것이다. 여기서 되풀이된다는 의미의 복(復)은 반(返)이라는 의미로 쓰인 것이다. 반은 돌아온다는 뜻이며, 순환하는 자연의 이치를 함축하고 있다. 노자는 40장에서도 "근본으로 돌아가는 것이 도의 움직임"이라고 밝혀 이와 같은 의미를 되새기고 있다.

그런데 이 자연의 순환 한가운데에는 그 본래의 자리인 뿌리가 있다. "만물은 아무리 무성해도 각각 그 근본으로 되돌아간다."라는 말이 그런 의미다. 근본으로 돌아간다는 말은 회귀나 퇴행이 아니다. 근본은 순환의 시작점이요 정거장일 뿐이다. 부초처럼 수면 위를 떠돌다 썩어 가는 것이 아니라 대지에 터 잡고 종족을 흩뿌리며 뭇 생명과 조화를 이루어 번성하는 또 다른 생명의 시작인 것이다. 그러니 이런 영구불변의 이치를 깨닫게 된다면 자만하지 않고 널리 포용하려 들고, 포용하게 되니 공평하게 세상을 대하게 된다. 이것이 바로 노자가 말하는 무위자연의 이치이다.

17장
정치가 없으니 백성이 평안하다

가장 훌륭한 단계의 지도자는 백성들이 그의 존재만을 겨우 알 뿐이고, 그다음은 친근감을 느끼고 그를 칭찬하며, 그다음은 그를 두려워하며, 그다음은 그를 업신여긴다. 진실하지 못하면 백성들이 지도자를 믿지 않는다. 언행을 신중히 하니 공을 이루고 일을 성취해도 백성들은 "우리는 본래 이랬어."라고 할 것이다.

노자의 견해에 따르면, 가장 훌륭한 통치자는 백성들을 정치에 무관심하게 만든다. 통치자는 있으되 통치는 느끼지 못하게 한다. 각종 제도나 법령을 만들어 옥죄는 대신에 자연스레 살아가게 한다. 이보다는 못해도 백성들이 친근하게 느끼는 지도자라면 차선의 통치를 하고 있다고 볼 수 있다.

반면 백성들이 두려워하거나 업신여기는 지도자는 그릇된 통치를 하고 있는 것이다. 자연의 순리를 거스르는 역리(逆理)의 정치를 하기 때문이다. 백성들로 하여금 천연의 품성을 발휘하도록 개입을 최소화해야 할 터에 오히려 군림하려 든다. 이는 인위로써 무위의 도, 즉 자연의 뜻을 거스르는 것이다. 장자도 노자와 같은 견해를 표명했다.

"혁서씨(장자가 지어낸 것으로 보이는 전설적인 제왕) 시대에는 백성들이 무엇을 해야 하는지도 모르고 어디로 가야 하는지도 모른 채, 배부르면 좋아하고 배를 두드리며 놀았다."

— 《장자》〈마제(馬蹄)〉

두 사람 모두 무위가 곧 최선의 통치라고 했다. 그렇다면 무위의 정치는 어떻게 가능한가? 자연스러운 품성에서 우러나오는 신뢰가 바로 그 답이다. 자연스러운 데다 친근감조차 느껴지게 하려면 통치자는 우선 진실해야 한다. "진실하지 못하면 백성들이 지도자를 믿지 않는다."라는 말처럼 통치자는 진실한 태도로써 백성들에게 신뢰를 얻어야 한다. 권좌에 오르려고 헛된 공약을 남발하고 일단 권력을 잡은 뒤에는 법과 제도로 강제하며 백성들 위에 군림하려는 지도자들은 절대 신뢰를 얻을 수 없다. 다만 두려움과 모욕의 대상이 될 뿐이다.

그러니 자신이 한 일임에도 백성이 "우리가 본래 이랬어."라고 생각할 정도로 통치를 느끼지 못하게 하는 지도자야말로 예나 지금이나 가장 훌륭한 단계의 지도자라 하겠다.

18장
인의가 도를 대신한다

큰 도가 없어지니 인의가 있게 되었다. 지혜가 나타나니 큰 거짓이 있게 되었다. 가족 간에 불화하니 효행과 자애가 있게 되었다. 나라가 혼란해지고서야 충신이 있게 되었다.

노자가 살았던 춘추 시대는 주 왕실이 구심점을 잃게 되어 제후들 간에 치열한 세력 다툼이 벌어지던 때였다. 공자는 이 시대를 일러 "신하가 임금을 죽이고 자식이 부모를 죽이는" 패륜의 시대라고 규정했으며, 후대에 이와 같은 사실을 교훈으로 남기고자 역사서인 《춘추》를 지었노라고 밝혔다. 노자와 공자 모두 패륜의 시대를 통탄하며 도의 부재나 실종을 원인으로 들었다. 하지만 두 사람이 거론한 도의 의미는 서로 달랐다. 공자가 인륜지도(人倫之道)를 논했다면, 노자는 무위자연의 도를 말했다. 공자는 사람들의 행실이 바르지 못하게 된 원인을 인간 사회의 도의와 질서가 무너졌기 때문이라고 진단했다. 반면 노자는 자연의 도를 잊게 되면서 인간 사회가 혼탁해졌다고 생각했다.

이런 까닭에 이 장에서 노자는 인간이 자연의 질서인 큰 도를 잊게 되면서 인의와 같은 인위적인 윤리 질서를 내세우게 된 것이라고 말한다. 사실 사람들에게 올바른 행실을 주문한다는 것은 그만큼 그 사회가 부도덕한 탓이다. 충과 효, 자애에 대한 실천이 도드라져 보이는 것 또한 같은 이유에서다. 태평성대에는 충신, 열사, 효자가 별로 눈에 띄지 않는다. 이처럼 인륜은 부도덕한 시대가 요구하는 덕목이다. 노자의 입장에서 보면 인륜과 지혜는 당대의 곤란을 모면하는 방편에 지나지 않는다. 시대를 관통하는 대도(大道)는 자연의 소박함을 본받는 것이고 인간 사회가 대도를 따르게 되면 구태여 인의를 강조할 필요도 없게 된다. 인륜을 강조하는 이면에는 패륜이 있어서 그런 것이니 소박한 자연에 따르면 인륜을 강조해야 할 근거도 없다. 노장 사상 연구가로 유명한 진고응(陳鼓應)은 그의 저서 《노자금주금역(老子今注今譯)》에서 이렇게 말했다.

"물고기는 물속에서 물의 중요성을 알지 못한다. 위대한 덕목들이 크게 일어나고 인의가 온 땅에 가득할 때 사람들은 인의를 외칠 필요성을 깨닫지 못한다. 인의를 숭상하는 시대가 도래하게 되면 그때는 이미 사회가 변질되어 순박성을 잃어버렸음을 뜻한다."

19장
소박하라

성인이 되고자 하는 마음을 끊고 지혜를 버리면 백성의 이익은 백배로 늘어날 것이다. 인자함을 끊고 의리를 버리면 백성들은 효도와 사랑으로 돌아갈 것이다. 교묘한 기교와 이익을 버리면 도둑이 없어질 것이다. 이 세 가지는 문명을 위한 것이기는 하나 완전하지 않다. 그러므로 사람들이 근본으로 돌아가게 해야 한다. 즉, 소박함을 지키고 사사로운 욕심을 줄여야 한다.

이번 장 역시 18장과 비슷한 맥락의 글이다. 마지막에 언급된 "소박함을 지키고 사사로운 욕심을 줄여야 한다."라는 말이 이 글의 요지다. 이 글에서 노자가 사사로운 욕심으로 지적하고 있는 것은 성인이 되고자 하는 마음과 지혜, 인(仁)과 의(義), 기교와 이익 추구 세 가지다. 이는 사람들이 무언가 옳다고 인위적인 가치를 설정하고 그것을 추구하는 것 자체가 자연의 질서를 벗어나 교만함을 드러내는 것이라는 말이다. 물론 성인이 되고자 하는 노력이나 인의가 인간 사회에서 무가치한 것은 아니다. 그러나 인위적으로 만든 윤리와 도덕의 굴레를 벗어나지 않는다면 인간 사회는 끊이지 않고 편견과 독단의 수렁에서 벗어나지 못할 것이다. 그러니 자연의 질서로 돌아가라는 충고다.

　본래의 소박함을 잃은 사람은 흔히 보기 좋게 꾸며 자신의 속내를 감추려고 든다. 그래서 노자는 '사사로운 욕심과 이를 감추고 보기 좋게 꾸미는 교활함을 버려야 한다.'라고 말한다. 노자의 주장과는 의미가 약간 다르지만 공자 또한 《논어》의 〈학이(學而)〉 편에서 "듣기 좋은 말과 보기 좋게 꾸민 얼굴 속에는 인(仁)이 드물다."라고 말했다. 여기서 공자가 말하고자 한 내용은 인을 갖춘 사람은 꾸밈이 없고 소박하다는 것이니 노자의 말과 일맥상통하는 측면이 있다. 그러나 공자가 강조하고자 한 것은 인위적인 가치나 윤리에 속하는 인이니, 노자는 이 또한 벗어나서 자연의 소박함 자체로 돌아가야 한다고 말한다.

20장
하늘에 속한 사람

　학문을 그치면 근심거리가 사라진다. 공손한 대답과 '응' 하고 말하는 거만한 대답이 얼마나 다르겠는가? 아름다움과 추함의 차이가 얼마나 되겠는가? (그런데도 시비와 구별을 하니) 사람들이 두려워하는 것을 나도 두려워하지 않을 수 없다.

넓기도 하구나, 마치 끝이 없는 것 같다. 사람들의 즐거워하는 모습이 마치 큰 잔치에 참석한 듯하고 한가롭게 봄날 누각에 오른 듯한데 나만 홀로 조용하니 자신을 드러내지 않는다. 헷갈리고 혼란스럽구나, 마치 아직 웃을 줄도 모르는 갓난아이 같다. 축 처져 있는 듯이 나른하구나, 마치 깃들 곳이 없는 처지 같다. 사람들은 모두 여유가 있는데 나만 홀로 부족한 듯하다. 나는 어리석은 사람이구나! 무지하구나! 사람들은 모두 똑똑한데 나만 홀로 흐릿하다. 사람들은 모두 사리에 밝은데 나만 홀로 어눌하다.

나는 고요하고 잔잔한 바다와 같고 머물지 않는 바람과 같다. 세상 사람들은 모두 쓰임새가 있는데 나만 홀로 완고해 쓰일 곳이 없다. 나만 홀로 남다른 점이 있으니 그것은 무엇보다 자식을 거두는 어머니를 소중히 여긴다는 점이다.

19장은 "성인이 되고자 하는 마음을 끊고 지혜를 버려라."라는 말로 시작했는데, 이 장은 "학문을 그치면 근심거리가 사라진다."라는 말로 시작하고 있다. 성인이 되고자 하면 배워야 하니 배움의 과정이나 성인이 되고자 하는 것은 모두 비슷한 의미를 지닌다. 그런데 끊임없이 성인이 되려고 배우는 최종 목표는 가장 훌륭한 사람이 되고자 하는 것이니, 그 배움의 과정 자체 안에 이미 우열을 가르고 서열을 구분하는 인위가 들어 있다. 노자는 이미 3장에서도 "잘난 사람을 치켜세우지 않아야 백성들이 공을 다투지 않는다."라고 말했듯이 이런 인위적인 구분과 질서를 거부했다. 더구나 지혜가 깊고 학문이 높아진다고 공을 다투고 서열에 집착하는 일이 없어지는 것도 아니다. 한마디로 배우면 배울수록 식자우환(識字憂患), 즉 '아는 것이 병이 된다.'는 말이다. 그래서 노자는 이런 구별과 서열 다툼이 지겹고 두려운 일이라고 말한다.

그렇다고 지혜와 학문을 포기하는 일 또한 쉽지 않다. 서열을 다투는 대열에서 이탈해 독야청청(獨也青青)하기란 정말로 어려운 일이다. "사람들은 모두 사리에 밝은데 나만 홀로 어눌하다." 등등의 표현처럼 노자 역시 우열과 서열을 다투는 세상에 비추어 볼 때 왠지 자신은 동떨어진 듯하다고 외로운 심경을 고백한다. 그런데 우리가 눈여겨보아야 할 것은 세상 사람들의 지혜로운 처신에 대해 상대적으로 자신은 '어눌하다'고 표현했지만, 사실은 이 표현이 반의적인 의미를 담고 있다는 점이다. 다시 말해 피동적인 자세로 어눌한 상태에 놓여 있는 것이 아니라 능동적으로 노자 스스로가 어눌함을 선택했다고 보아야 한다. 그래서 결론에서도 "나는 고요하고 잔잔한 바다와 같고 머물지 않는 바람과 같다."라고 하면서 높은 자리에 오르기 위해 공을 다투는 세상 사람들의 대열에 끼느니 차라리 모두를 아우르는 바다가 되고 바람이 되겠다고 다짐한다. "자식을 거두는 어머니를 소중히 여긴다."라는 말도 마찬가지 의미를 담고 있다. 노자 사상에서 '어머니'는 만물의 근원이자 보금자리인 도를 상징하는 말이니 도를 더 소중하게 여기며 따르겠다는 뜻이다.

21장
그윽하고 신실한 도

큰 덕의 모양은 오직 도를 따를 뿐이다. 도의 나타남은 황홀할 뿐이다. 황홀함 속에 구체적인 형상이 있고(有象), 황홀함 속에 사물이 있다(有物). 그윽하고 어렴풋하지만 그 속에 정기가 있고(有精), 그 정기는 참으로 진실하여 그 안에 신실함이 있다(有信). 예로부터 지금까지 그 이름은 사라질 수 없으며, 만물의 시작도 이것으로써 알 수 있다. 내가 어떻게 만물의 시초를 알 수 있었겠는가? 이를 빌어 안 것이다.

"큰 덕의 모양은 오직 도를 따를 뿐이다."라는 표현은 도와 덕의 관계를 이르는 말이다. 거듭 말하자면 도는 형태가 없는 상태인데 사물에 의지해 덕으로써 나타난다는 것이다. 사람의 덕도 다르지 않다. 말로 표현할 수 없는 형이상의 도가 사람에게서 행실로 드러나는 것이 덕이다.

도를 말로 규정할 수는 없다. 황(恍)하고 홀(惚)하기 때문이다. 즉, 도는 너무 밝아서 분간이 안 가고, 너무 흐려서 짐작이 안 된다. 하지만 도의 존재는 명백하다. 노자는 이와 같은 도의 존재를 유상(有象), 유물(有物), 유정(有精)으로 표현했다. 여기서 물(物)은 사물의 실체를 말하고, 정(精)은 사물에 깃든 정신이나 생명을 뜻한다. 그리고 상(象)은 정을 담고 있는 물의 형상, 즉 모든 사물의 근본적인 모습이다. 이 모든 의미를 합치면, 도는 분간이 안 가고 짐작이 안 될 만큼 황홀하나 사물의 실체를 낳고 형상을 이루며 이 모든 것들의 정수(精髓)로 자리한다는 뜻이 된다. 하지만 도는 모든 것의 근원이자 실체이면서도 스스로를 드러내려 하지 않는다. "만물의 근원이요 의지처이나 자신의 공으로 돌리거나 명예로 여기지 않는다." 그러면서도 "스스로를 위대하다 하지 않으므로 능히 큰 것을 이루는 것이다."

22장
굽은 것이 온전하다

 굽으면 온전해지고, 구부리면 곧게 펼 수 있다. 파이면 채워지고, 낡은 것은 새로워질 수 있다. 적게 가지면 얻을 여지가 있으나 많을수록 미혹된다.

　그러므로 성인은 하나의 도로써 세상의 본보기로 삼는다. 스스로를 드러내지 않으므로 오히려 그 존재가 뚜렷하고, 옳다고 여기지 않으므로 오히려 이치에 밝고, 내세우지 않음으로 공을 이루고, 자만하지 않으니 오래가는 것이다. 다투려 하지 않기에 세상이 그와 다투지 않는 것이다.

　"굽으면 온전해진다."라는 옛말이 어찌 헛된 말이겠는가! 참으로 온전하려면 자연으로 돌아가야 한다.

　"굽으면 온전해진다(曲則全)."라는 것이 이번 장의 핵심 문장이다. 곡(曲)은 나무가 심하게 굽어져 있는 모습을 지칭하는 말이다. 흔히 굽었다고 하면 쓸모가 없다고 여기기 쉽다. 하지만 굽어져 있으니 도리어 온전하거나 안전할 수 있다는 것이 노자의 생각이다. 이런 생각은 '구부려져 있으면 펼 수 있고 파여서 구멍이 생기면 채울 수 있으며 낡아진 것은 새로워질 수 있다.'라는 말과도 연관된다. 말하자면 세상 사람들이 생각하는 상식과는 다른 발상의 전환이 요구된다. 자연의 세계에서 온전하다는 것과 굽어져 있다는 것을 쓸모나 완전함으로써 구분하는 것은 무의미하다. 뿐만 아니라 그 두 가지는 하나로 연관되어 서로 상대의 상태로 변화할 수 있다.

　이런 노자의 사상은 장자에게 이어졌는데, 《장자》에는 여러 차례에 걸쳐 이런 사고를 드러내는 우화가 나온다. 장자와 혜자의 가죽나무 이야기를 보자.

혜자가 장자에게 말했다.

"사람들이 가죽나무라고 부르는 큰 나무가 있습니다. 큰 줄기는 굴곡이 심하고 잔가지는 너무 구부러져 아무짝에도 쓸모가 없습니다. 이 나무처럼 당신의 주장도 크기만 하고, 아무 쓸모가 없어서 사람들에게 외면당하고 있다는 것을 아셔야 합니다."

혜자의 말이 끝나자 장자가 자신의 생각을 말했다.

"그대는 살쾡이라는 짐승을 본 적이 있지요? 살쾡이란 놈은 몸을 최대한 낮춘 채로 작은 짐승들을 노리거나, 먹이를 찾아 사방을 뒤지고 다닙니다. 그러다가 덫이나 그물에 걸려 잡혀 죽기도 합니다. 그런데 저 덩치 큰 검은 소는 쥐 한 마리 잡지 못합니다. 그대에게 쓸모없는 큰 나무가 걱정거리라면, 그것을 사람들의 관심에서 멀리 떨어진 너른 들판에 심어 놓고 그 그늘 아래서 낮잠이나 자는 편이 나을 것입니다. 이 큰 나무는 세상의 관심과 소용에서 멀어졌으니 해를 입을 걱정에서도 멀어진 것이지요."

– 《장자》〈소요유(逍遙遊)〉

가죽나무는 굽었기에 곧은 것만 골라 재목으로 쓰려는 사람들의 쓸모로부터 멀어져 안전하다. 그러면서도 자신의 몫을 다해 뭇 생명과 조화롭게 산다. 팔을 벌려 새들에게 안식처가 되어 주고 그늘을 드리워 사람들에게 휴식처가 되어 준다. 그러므로 자연의 세계에서는 인간의 필요에 의해 구분하는 쓸모와 기능보다는 그 생명이 지닌 고유한 삶이 더 중요하며 세상 만물이 모두 조화롭게 살게 된다.

이렇게 자연의 이치를 밝히고 나서 노자는 도를 깨달은 성인 또한 그와 같은 자세로 세상을 다스린다는 점을 밝힌다. "스스로를 드러내지 않으므로 오히려 그 존재가 뚜렷하고, 옳다고 여기지 않으므로 오히려 이치에 밝고, 내세우지 않음으로 공을 이루고, 자만하지 않으니 오래가는 것이다."

23장
자연은 말없이 행한다

 자연은 말없이 행한다. 그러므로 사나운 바람은 아침 내내 계속 불지 않고 소나기도 온종일 내리지 않는다.

누가 이렇게 하는가? 하늘과 땅이다. 하늘과 땅의 조화도 오래가지 못하는데, 하물며 사람이 하는 일이랴? 그런 까닭에 도를 따르는 사람은 도와 같아지고 덕을 따르는 사람은 덕에 동화되며, 도를 잃는 일에 열심인 사람은 도가 없는 것과 같다. 사람이 덕에 동화되면 도 또한 그를 즐거이 받아들이며, 도를 잃는 것을 당연하게 여기면 도 또한 그를 버릴 것이다. 믿음을 주지 못하면 불신만 남게 된다.

"자연은 말없이 행한다." 반면에 사람은 많은 말과 위압적인 행동으로 군림하려 든다. 마치 사나운 바람과 소나기처럼. 하지만 거친 바람도 한나절이면 기세가 꺾이고 세찬 소나기도 하루를 넘지 않는 법. 자연의 이치가 이러한데 하물며 사람의 마음먹고 행하는 바가 얼마나 가겠는가. 이런 이치를 미처 깨닫지 못하고 군림하려 들기에 사람들에게서 "두려움과 업신여김을 불러일으키는 것이다."

춘추 전국 시대에는 제후들이 앞다투어 각종 법령과 제도를 쏟아냈다. 또한 왕의 책사들도 백성들에 대한 효율적인 통치술을 경쟁적으로 제안하며 공을 다퉜다. 하지만 인의를 가장한 패도(覇道, 인의를 가볍게 여기고 무력이나 권모술수로써 공리(功利)만을 꾀하는 일)는 결국 두려움과 업신여김을 불러올 뿐이다. 이는 말없이 행하는 자연의 도로부터 멀어지는 행위일 뿐 아니라 사람으로서 마땅히 행해야 할 덕조차 외면하는 처사다.

노자의 이와 같은 경구(警句)는 오늘날에도 지도자를 자처하는 사람들이 새겨야 할 금과옥조다. 나라와 국민을 위한다는 명목으로 각종 법령과 제도를 쏟아 내나 외려 국민들은 그로 인해 고통스럽다.

권력에 눈이 먼 위선자들의 허언과 기만으로 인해 대다수 국민들은 앞날에 대한 희망을 잃어 간다. 그러니 믿음을 주지 못하는 지도자들로 인해 사회는 도와 덕을 잃고 불신만 쌓이게 마련이다.

24장
까치발로는 오래 버티지 못한다

발뒤축을 들고 서 있는 사람은 오래 서 있을 수 없고, 보폭이 너무 큰 사람은 오래 걸을 수 없다. 스스로 내세우는 사람은 지혜롭지 못한 것이고, 자신이 옳다고 주장하는 사람은 밝지 못한 것이다. 공을 자랑하는 사람은 그 공이 무너지고, 자만하는 사람은 오래가지 못한다. 도의 관점에서는 이러한 태도가 먹다 남긴 밥이나 불필요한 혹일 뿐이다. 모두가 미워하고 배척하기에 도를 아는 사람은 이처럼 처신하지 않는다.

자신의 편의에 맞춰 인위적으로 만드는 법이나 제도가 오래가지 못함은 앞 장에서 사나운 바람과 소나기의 비유로 밝혔다. 이번 장 역시 지도자들의 그러한 태도에 대한 경고의 뜻을 담고 있다.

발뒤축을 들고 서 있거나 보폭을 너무 크게 하고 걷는 것은 무한한 자연 속에서 한나절 몰아치는 사나운 바람이나 소나기처럼 지극히 짧은 행보에 지나지 않음을 비유한 말이다. 그럼에도 많은 이들이 스스로 내세우고(自見), 자신만 옳다고 주장하고(自是), 공을 자랑하고(自伐), 자만한다(自矜). 이와 같은 처신은 어리석을 뿐 아니라 고립을 자초하고, 그간의 공조차 허물며 오래갈 수 없다. 노자는 이와 같은 처사를 일러 '먹다 남은 밥'이요, '불필요한 혹'이라 했다. 참으로 단호한 꾸짖음이다.

예나 지금이나 자신을 드러내고 공을 다투는 행위는 여전하다. 아니 사람들이 더욱 지혜로워지고 문명화한 오늘날에는 자기중심적인 생각과 행동이 과거보다 훨씬 심각해 보인다. 권력과 돈을 수중에 넣을 수 있는 일이라면, 그래서 다른 사람을 딛고 힘 있는 자의 반열에 오르는 일에는 수단과 방법을 가리지 않는다. 상식과 순리를 거스르고 남에게 고통을 주는 일조차 마다하지 않는다. 심지어 이전에 저지른 잘못을 합리화하는 데 급급해 독재를 두둔하고 부정을 정당화하기까지 한다.

하지만 간사한 지혜는 오래갈 수 없고 역리는 순리를 이기지 못하는 법. 자신을 드러내기 위해 무리한 행보를 보인 인물들은 역사에서 먹다 남은 밥이요, 불필요한 혹으로 남을 뿐이다. 자연의 순리에 따라 사는 느린 삶이라야 세상의 소요(騷擾, 여럿이 떠들썩하게 들고일어남. 또는 그런 술렁거림과 소란)와 상관없이 무명의 초목처럼 무궁한 자연의 여행에 동참할 수 있다.

25장

도는 자연을 본받는다

혼연일체의 그 무엇이 있는데 하늘과 땅보다 먼저 생겼다. 소
리도 없고 형체도 없는데 홀로 있으면서도 변함이 없다. 두루
움직이면서도 게으르지 않으니 가히 천지 만물의 어머니라 할 만하
다. 나는 그것의 이름을 알지 못하기에 그냥 도(道)라고 부르고 억지
로 대(大)라는 이름으로 부르기도 한다.

큰 것(大)은 가는데 멀리 가고, 멀리 가면 반드시 돌아온다. 그러므
로 도는 크고, 하늘도 크고, 땅도 크고, 사람 또한 크다. 세상에는 네
가지 큰 것이 있는데 사람이 그중 하나다. 사람은 땅을 본받고, 땅은
하늘을 본받고, 하늘은 도를 본받고, 도는 자연을 본받는다.

앞의 1장, 14장, 21장 등과 함께 다시 한 번 도에 대해 밝히고 있
다. "혼연일체의 그 무엇이 있는데 하늘과 땅보다 먼저 생겼다."라
는 말에서 '그 무엇'이란 곧 도를 지칭하는 말이다. 21장에서도 "도
의 나타남(=도는 사물로 나타난다)(道之爲物)"이라고 했듯이 도는 작용을

통해 사물로 모습을 드러낸다. 도는 또한 구체적인 사물인 물(物)이면서 추상적인 형상(象)이기도 하다. 즉, 구체적인 모양으로 감각될 수 있는 존재가 아니라 눈으로 보이지는 않지만 형이상의 상(象)이라 할 수 있다. 이 말은 세상 만물이 그 안에 자리 잡는 존재의 형식이라는 의미다. 이런 존재의 형식은 구체적인 사물과 달리 항상 존재하는 까닭에 "홀로 있으면서도 변함이 없다."라고 표현한다.

도는 또한 "두루 움직이면서도 게으르지 않으니 가히 천지 만물의 어머니라 할 만하다." 즉, 그 어느 곳에도 치우치지 않고 모든 것에 두루 끼치는 도의 작용을 들어 천지 만물의 어머니라 말한 것이다. 이처럼 도는 보이지 않는 형상을 지닌 만물의 존재 형식이자 구체적인 사물이기도 하고 그 작용으로 세상 만물이 생겨나게 만드는 근거이기도 하니 그 이름을 특별히 정할 수 없다는 것이 노자의 생각이다. 그래서 '도' 또는 '큰 것'이라 이름 붙였을 뿐이라고 말한다.

그런데 "큰 것(=도)은 가는데 멀리 가고, 멀리 가면 반드시 돌아온다." 이 말은 "순환(=되돌아옴)이 곧 도의 작용이다(反者 道之動)."라는 의미와 같다. 도는 세상 만물 전체를 안고 움직이는데 경계도, 머물 곳(定處)도, 처음과 끝(始終)도 없기에 도의 운행을 순환이라 부를 뿐이다. 그리고 이 순환 속에 모든 것이 들어 있기에 '비길 데 없이 크다'라고 표현한 것이다.

이어서 노자는 도는 가없이 큰 움직임 속에 하늘과 땅 그리고 사람을 그 속에 품는데, 그 네 가지는 모두 큰 존재라고 말한다. 전통적인 동양 사상에서 하늘과 땅과 사람[천지인(天地人)]은 우주를 이루는 근본 존재이다. 노자 역시 이런 사상에 입각해서 말한 것인데, 여기에 도라는 개념을 도입했다고 할 수 있다. 특히 노자는 도를 천지인보다도 더 근본적인 개념으로 보고 세상 만물의 존재 근거이자 존재 형식으로 규정한다. 나아가 노자는 이렇게 형용할 길 없는 크나큰 도의 작용을 일러 자연(自然, 스스로 그러함)이라 말한다.

26장
근본에 머무르라

무거운 것은 가벼운 것의 근본이 되고, 고요한 것은 시끄러운 것의 지배자가 된다. 그런 까닭에 성인은 온종일 바쁘게 돌아다녀도 식량을 실은 수레 곁을 벗어나지 않는다. 비록 화려한 볼거리가 있어도 그것에 들뜨지 않는다. 어찌 대국의 군주로서 세상을 가볍게 다루겠는가? 경솔하면 근본을 잃고, 조급하게 행동하면 군주의 자리를 잃게 된다.

노자가 생각하는 모든 존재는 상대적인 속성의 결합 또는 그런 속성들의 상호 순환이다. 이렇게 모든 사물은 어느 한 측면만으로 이루어지지 않았기에 2장에서도 "유와 무는 서로 살게 하고 어려움과 쉬움은 서로를 이루며 길고 짧음은 서로 견주고 높고 낮음은 서로에게 기울며 가락과 소리는 함께 어우러지고 앞과 뒤는 서로 따르니 이것이 세상의 변치 않는 이치이다."라고 말한 것이다. 이번 장에서 말하는 무거운 것과 가벼운 것, 고요한 것과 시끄러운 것 또한 노자의 이런 생각이 담겨 있는 상대적 속성이다. 하지만 무거움과 고요함이 가벼움과 시끄러움보다 도의 속성에 가까우니 이를 근본 삼아야 한다고 권하고 있다.

그런데 성인이 분주한 가운데서도 양식을 실은 수레 곁을 떠나지 않는다는 것은 무슨 뜻일가? 바로 양식이 모든 활기의 근본인 까닭에 도를 깨달은 성인은 항상 그 근본을 잊지 않는다는 말이다. 기독교의 《성경》〈요한복음〉에도 이와 유사한 비유가 있다. 먹을 것을 마련해 온 제자들에게 예수가 "나한테는 너희가 모르는 양식이 있다."라고 말한다. 의아해하는 제자들에게 예수는 "내 양식이란 나를 보내신 분의 뜻을 이루고 완성하는 것"이라는 설명을 덧붙인다. 같은 의미로 노자가 말한 식량이란 도를 상징하는 말이라고 해석해도 될 것이다.

마찬가지로 무릇 한 나라의 지도자라면 근본이 무엇인지부터 알고 진중한 자세로 이를 지키고자 힘써야 한다. 24장에서 말한 바대로 공을 자랑하거나 자만하는 군주는 그 지위를 오래 누리지 못한다. 게다가 백성들에게 미움 받고 배척당해 먹다 남긴 밥이나 불필요한 혹으로 대접받는 수모를 겪을 수도 있다. 지도자가 되려는 사람들이라면 깊이 새겨야 할 대목이다.

27장
선행은 흔적을 남기지 않아야

선행은 흔적을 남기지 않고, 올바른 말은 허물을 남기지 않으며, 셈을 잘하는 사람은 주판을 사용하지 않고, 문단속을 잘하는 사람은 빗장을 사용하지 않고도 사람들이 열지 못하게 하며, 잘 묶는 사람은 밧줄을 사용하지 않고도 풀 수 없게 한다. 그러므로 성인은 항상 사람을 잘 구해 버리는 일이 없고, 항상 물건도 잘 구해 버리는 일이 없다. 이것을 일러 밝은 지혜를 지녔다고 한다.

그러므로 선한 사람은 악한 사람의 스승이며, 악한 사람은 착한 사람의 거울이다. 스승을 귀하게 여기지 않고 거울을 아끼지 않는다면 비록 지혜가 있다 해도 크게 미혹되게 된다. 이것을 일러 오묘한 이치라고 한다.

"선행(善行)은 흔적을 남기지 않는다."라는 대목을 보면 문득 불교의 무주상보시(無住相布施)가 연상된다. 무주상보시란 《금강경(金剛經)》에 나오는 말로 사람들에게 무엇인가를 베풀 때 베푼다는 그 마음조차 잊어버리는 선행을 말한다. 기독교에서 말하는 "오른손이 하는 것을 왼손이 모르게 하라."라는 말도 같은 의미다. 선행이라는 말에서 선(善)은 '올바른'이란 뜻에 가장 가까운 표현인데, 인위적인 행위를 통해서 나오는 것이 아니라 무위의 도에 따라서 자연스럽게 나오는 행위를 의미한다. 따라서 도를 깨달은 성인은 모든 상황에 맞추어서 어떤 일을 하더라도 물 흐르듯 자연스럽게 잘한다. 말하자면 무위의 도를 지닌 성인은 자기의 생각보다는 상대의 본성을 존중하고 사물의 각기 다른 쓰임을 이해하니 어떤 일에 부딪치더라도 적절하게 대응한다는 말이다. "그러므로 성인은 항상 사람을 잘 구해 버리는 일이 없고, 항상 물건도 잘 구해 버리는 일이 없다."라고 말한 것이다.

그런데 노자가 결론지으려고 말한 "선한 사람은 악한 사람의 스승이며, 악한 사람은 착한 사람의 거울이다."라는 말은 무슨 의미일까? 여기서 말하는 '선한 사람(善人)'이란 도에 따라 사는 사람, 또는 무위를 깨달은 사람을 의미하며 '악한 사람(不善人)'이란 인위에 의지하는 사람, 또는 독선과 아집에 빠진 사람을 말한다. 그런데 인위에 의지해 사는 사람인 불선인(不善人)도 선한 사람의 거울(資)이 된다는 말은 노자만의 독특한 어법이라고 하겠다. 선과 악(=불선) 또한 상대적인 대립항이니 모든 사람이 그 안에 갖추고 있는 속성이다. 그러므로 선과 악을 인위적으로 세운 도덕과 규범에 따라 구별하고 차별하려 들지 말라는 것이다. 사회 체제가 다르거나 사람에 따라서 인위적으로 구별한 선과 악은 언제든지 바뀔 수 있는 것이니 무위의 도를 아는 사람이라면 이런 상대성을 잘 파악해서 미혹되지 않아야 한다는 것이다.

28장
올바른 통치는 나누지 않는 법

수컷다움을 알고 암컷의 기질을 잘 지키면 천하가 드나드는 통로가 된다. 세상의 통로가 되면 언제나 덕이 떠나지 않고 갓난아기 같은 순수함으로 돌아가게 된다.

흰 것을 알고 검은 것을 지키면 세상의 법도가 된다. 세상의 법도가 되면 항상 덕에 어긋나지 않게 되어 본래의 순박함으로 되돌아간다.

영화로움을 알고서도 욕됨을 지키면 만물을 태어나게 하는 골짜기와 같이 된다. 세상의 골짜기가 되면 항상 덕으로 충만해져 순박한 상태로 돌아가게 된다.

통나무가 쪼개지면 그릇이 된다. 성인은 통나무와 같은 이치를 활용해 통치를 한다. 그러므로 큰 통치는 나누지 않는 것이다.

노자는 수컷다움, 흰 것, 영화로움을 알아야 할 내용으로, 암컷의 기질, 검은 것, 욕됨을 지켜야 할 내용으로 열거했다. 여기서 수컷다움과 흰 것, 영화로움은 모두 밝음이나 강함, 높은 명예 등을 상징하는 말이다. 이 가운데 백색은 중국의 전통적인 사고에서 보면 태양의 색을 의미한다. 반면 암컷의 기질이나 검은 것, 욕됨은 모두 생산성이나 부드러움, 그리고 자신을 낮추는 겸양 등을 상징한다. 이 중 흑색은 물의 색이다.

이렇게 그 상징하는 의미를 파악하면 왜 노자가 알아야 할 것과 지켜야 할 것으로 구분했는지를 쉽게 이해할 수 있다. 노자는 밝음이나 강함, 높은 자리나 명예를 중요한 가치로 보지 않는다. 그래서 노자가 이런 것들을 알아야 할 대상으로 삼은 것은 그것들을 극복하기 위해서였다. 반면 여성성이나 생산성, 부드러움, 겸양 등을 소중한 가치로 본다. 그러니 지켜야 할 대상으로 삼은 것이다.

이렇게 알아서 극복할 것과 소중하게 지켜야 할 것을 제대로 파악하게 된다면 "천하의 통로가 되고, 세상의 법도가 되고, 만물을 태어나게 하는 골짜기가 된다."는 것이다. 여기서 천하의 통로나 세상의 법도, 만물이 태어나는 골짜기 등은 모두 도가 지닌 속성과 일치한다. 그러니 도를 깨달아 따르게 된다면, 즉 '통로와 법도와 골짜기가 된다면' 그 결과로서 '덕이 떠나지 않고, 어긋나지 않으며, 충만해진다.'고 말한다. 노자가 말한 대로 이해하자면 덕은 도의 열매인 셈이다. 노자 사상에서 덕은 도의 작용이라는 의미와 도가 인간 세상에 적용된 규범이라는 두 가지 의미를 동시에 지닌 개념이다.

그리고 나서 결론으로 노자는 통나무(樸)와 그릇에 비유해 성인의 통치를 말한다. 성인의 통치는 쪼개져 그릇으로 만들어지기 전의 통나무와 같은 순박함을 고수함으로써 도와 덕이 넘치게 된다는 말이다. 이는 높이 솟은 산등성이가 아닌 아랫자락에 있으면서(處下) 다투지 않으며(不爭) 세상 만물에 생명을 주는 계곡처럼 소박함에 머무르는 통치다. 그러니 도에 따르는 큰 정치는 소박함을 지키고 편을 가르지 않는다. 한 줌도 안 되는 권력을 다투느라 영호남을 가른 것도 모자라 좌와 우, 강남과 강북을 갈라놓는 이 땅의 위정자들이 깊이 새겨야 할 대목이다.

29장
쥐려 하면 놓친다

 세상을 인위적으로 갖고자 아무리 노력해도 나는 그것이 쓸데없는 일임을 안다. 천하는 신령스러운 그릇이어서(天下神器)

가지려 한다고 가질 수 있는 것이 아니다. 자신의 뜻대로 하려는 사람은 실패할 것이요, 억지로 붙들려는 사람은 놓치고 만다. 원래 모든 존재는 앞장서기도 하고 뒤따르기도 하며, 호흡이 느리기도 하고 가쁘기도 하다. 어떤 것은 강하지만 어떤 것은 약하다. 어떤 것은 안정되고 어떤 것은 위태롭다. 그런 까닭에 성인은 지나친 것을 피하고 사치하거나 꾸미려 하지 않는다.

이 장 역시 무위의 통치(無爲之治)를 말하고 있다. 인위적인 노력, 가령 무력에 의존하는 통치와 같은 방식으로는 아무것도 얻을 수 없다. 천하신기(天下神器)는 천하의 지극히 귀하고 중한 것, 즉 백성을 이른다. 세상을 억지로 가지려 하거나 백성의 마음을 억지로 붙들려는 사람은 결국 실패한다는 노자의 말은 단지 독재자나 폭군에게 던지는 경고의 메시지만은 아니다. 그것은 도모하고 경영하려는 사람이라면 누구나 새겨야 할 말이다. 오늘날도 예외는 아니다. 자신의 권력욕 때문에 민심을 외면하거나 압제하는 통치자들은 세상도 잃고 백성의 마음도 잃는다.

그렇다면 무위의 통치는 어떠한가? 사람들은 본시 타고난 성품과 능력에 따라 일 진행의 선후와 근기(根氣, 밑바탕이 되는 힘)의 강약, 그리고 성취의 고저가 다르다. 한마디로 다양하다. 따라서 무위의 통치는 저마다의 자연적인 품성을 존중하는 경영이다. 말하자면, 다양성을 인정하고 존중하며 모두를 주인으로 섬긴다는 뜻이다. 흔히 말하는 민본 의식이나 민주주의와 다르지 않다. 그러니 백성을 존중하고 민심에 따르는 무위의 통치자는 자신의 생각이나 주장을 밀어붙이는 방식으로 무리한 통치를 하지 않으며 탐욕이나 사치를 멀리함으로써 민심과 함께 간다.

30장
무력은 폐허를 낳는다

도로써 군주를 보좌하는 자는 무력으로 세상을 위태롭게 하지 않는다. 그런 일은 반드시 대가를 치르기 때문이다. 군사가 머물던 곳에는 가시덤불이 자라고, 대군이 지나간 후에는 흉년이 들게 마련이다. 군사를 능숙히 다룰 줄 아는 장수는 좋은 결과를 얻으면 그치고 강함을 취하려 하지 않는다. 좋은 결과를 얻었다고 자랑하지 않고 공을 내세우지 않으며 교만하지도 않다. 성과를 내더라도 부득이한 경우에 한할 것이며, 강함을 과시하지 않는다.

무엇이든 기운이 넘치면 곧 쇠하게 마련이다. 이것이 바로 도에 어긋난 것이다. 도를 따르지 않으면 오래가지 못한다.

'좋은 결과를 얻으면 그치고 강함을 취하려 하지 않는다.' 어디선가 본 듯한 대목이다. 9장의 "공을 이루면 물러나는 것이 하늘의 도요 자연의 이치다."라는 글이 그것이다. 두 문장을 연결해 보자. '좋은 결과를 얻으면 그치고 강함을 취하려 하지 않음은 하늘의 도요 자연의 이치다.'가 된다. 이 말대로라면 자족이 곧 천도의 실천이다.

노자가 살았던 때는 말발굽 소리와 창검이 부딪는 소리가 난무하고 병사들의 어지러운 발걸음으로 흙먼지가 자욱했던 전란의 시대였다. "군사가 머물던 곳에는 가시덤불이 자라고, 대군이 지나간 후에는 흉년이 들게 마련이다."라는 말도 그래서 나왔다. 군웅이 할거하는 시기에 사는 장수들은 용기가 넘쳐나게 마련이다. 그러나 만용과 교만은 화를 부를 뿐이다. 지나침은 모자람만 못하고 무엇이든 넘치면 쇠한다는 자연의 이법(理法)은 그래서 있는 것이다.

31장

병기는 상서롭지 못한 도구일 뿐

무릇 병기는 상서롭지 못한 도구여서 사람들은 모두 그것을 싫어하니, 도를 아는 사람은 그것을 사용하지 않는다. 군자는 평소 왼쪽 자리를 상석으로 여기지만, 전쟁할 때는 오른쪽을 귀히 여긴다. 병기란 상서롭지 못한 도구여서 군자가 사용할 수단이 아니나, 어쩔 수 없이 써야 할 경우에는 그저 담담하게 다루는 것이 바람직하다. 승리를 미화해서는 안 된다. 승리를 미화하는 사람은 살인을 즐기는 자다. 사람 죽이기를 즐겨 하는 사람은 자신의 뜻을 세상에 펴지 못한다.

좋은 일에는 왼쪽을 상석으로 하고, 나쁜 일일 경우에는 오른쪽을 상석으로 한다. 편장군(사령관을 보좌하는 장수)은 왼쪽에 자리하고 상장군(부대를 이끄는 사령관)은 오른쪽에 자리한다. 이는 상례(喪禮)에 따라 자리를 정하는 것이다. 아무리 전쟁 중이라도 많은 사람을 죽였으면 애도하는 것이 마땅하며, 전쟁에 승리했어도 죽은 사람에 대한 예를 다해야 한다.

앞의 장에 이어 이 장에서도 전쟁의 폐해를 이야기하고 있다. 노자는 전쟁이란 사람을 죽이는 일이기 때문에 승리를 거두었을 때조차 기뻐할 일이 못 된다고 말한다. 전승(戰勝)을 기뻐하는 것도 따지고 보면 사람을 죽이고 즐거워하는 것이 아니냐는 입장이다. 전쟁 자체도 명분 없는 일인데, 싸움의 도구인 병기는 말해 무엇하겠는가. 그러니 군자가 취해서는 안 되는 상서롭지 못한 기물일 뿐이다.

인류 역사를 돌아보면 전쟁은 끊이지 않고 일어났고 오늘날에도 전쟁은 지속되고 있다. 그런데 그 전쟁이란 대부분 전쟁 당사자의 이익 때문에 벌어진다. 오늘날 지구촌 곳곳을 긴장시키는 전쟁을 보면 무기를 팔아 이익을 도모하거나 석유 등의 자원을 차지하기 위해서, 또는 국가 권력을 차지하려는 욕심에서 일어난 경우가 대다수다. 그러니 어쩔 수 없이 전쟁을 하더라도 전쟁 자체가 인간성을 얼마나 말살시키는 행위인지를 제대로 알고 대처해야 한다는 것이 노자의 생각이다.

20세기를 대표하는 평화주의자이자 인도주의 사상가인 알베르트 슈바이처는 '생(生)의 경외(敬畏)'라는 생명 존중 사상을 내세웠다. 그는 5년 8개월에 걸친 참혹한 제2차 세계 대전을 겪으며 《노자》와 《장자》 같은 동양 고전을 통해 마음의 평정과 위안을 얻고자 했는데, 1945년 5월 7일에 전쟁이 끝났다는 소식을 들을 무렵에 《노자》 31장을 읽고 있었노라고 그의 저서인 《나의 세계관, 신앙관》에서 밝힌 바 있다. 그는 전쟁을 일으킨 독일의 국민이었기에 "병기란 상서롭지 못한 도구여서 군자가 사용할 수단이 아니다."라는 사실을 누구보다도 절실하게 통감했을 것이며, 패전국이 되어 수많은 국민이 죽은 조국 독일을 보면서 "많은 사람을 죽였으면 애도하는 것이 마땅하며 전쟁에 승리했어도 죽은 사람에 대한 예를 다해야 한다."라는 말에 공감했을 것이다. 슈바이처는 평화를 지켜야 하는 이유에 대해 이렇게 밝혔다.

"우리는 전쟁을 방지하는 데 태만해서는 안 된다. 특히 반대하는 이유는 윤리적 이유에 근거해야 한다. 우리는 두 번째 겪은 세계 대전에서 무서운 비인도적 범죄를 저질렀다. 우리들은 이런 싸움을 되풀이해서는 안 된다. 우리들은 전쟁 없는 시대를 실현하기 위해서 분발하지 않으면 안 된다. 그러기 위해서 우리들은 새로운 진리의 정신에 의해 더 높은 이성을 향해 나아가지 않으면 안 된다. 진리의 정신은 인도주의 사상을 낳는다. 인도주의 사상에서 더 높은 인간 존재의 향상과 진보가 비롯된다. 모든 나라의 국민이 상호 이해하는 것을 방해하는 나쁜 의미의 국가주의와 민족주의를 인도주의 사상으로 극복해야 한다."

– 알베르트 슈바이처, 《나의 세계관, 신앙관》

이 세상 그 누구도 타인의 생명을 함부로 해칠 권리는 없다. 이 세상 그 어떤 생명도 부질없는 욕심에 희생당해서는 안 된다. 무릇 사람됨을 지향한다면 생명을 소중히 여기고 보살피는 것이 마땅한 처사임을 노자와 슈바이처가 일깨워 주고 있다.

두 번째 단락에서 "좋은 일은 왼쪽을 상석으로, 나쁜 일은 오른쪽을 상석으로 한다."라는 말은 임금이 바라보는 남쪽을 기준으로 할 때 동쪽이 왼쪽에 해당되기 때문이다. 동(東)은 해가 뜨는 방향으로 양(陽)이고 생기를 진작하는 방향이기 때문에 좋은 일에는 왼쪽을 중

요하게 여긴다는 뜻이다. 그와 반대로 전쟁이나 상례와 같이 나쁜
일에는 오른쪽을 상석으로 여기기 때문에 사령관에 해당하는 상장
군이 오른쪽에 자리 잡는다고 말한 것이다.

32장
도는 이름이 없다

도는 언제나 이름이 없다. 비록 다듬지 않은 통나무처럼 작
아 보일지라도 세상 어느 누구도 신하처럼 부리지 못한다.
만약 임금이 도를 지킬 수 있다면 만물은 모두 그를 따를 것이다.
하늘과 땅이 서로 화합해서 달콤한 이슬이 내리듯이 백성들은 명령
이 없어도 스스로 제자리에 알맞게 살아간다.
만물이 처음 만들어지면서 이름을 갖게 된다. 이름을 갖게 되면 멈
추어야 할 한계가 있음도 알아야 하며, 한계(=멈춤)를 알게 되면 위험
을 피할 수 있다. 도가 세상에 있는 모습을 비유하자면 마치 냇물과
계곡물이 강과 바다로 흘러드는 것과 같다.

노자는 이름(名)이 모든 다툼의 근원이라고 보았다. 장자 또한 "이
름이 있어 서로 알력이 일어난다."라고 했다. 여기서 이름이라는 것

에는 사물을 구별하기 위해 붙이는 명칭이라는 의미와 전통이나 제도, 관습 등을 일컫는 인위적인 문화 전체라는 의미가 있다.

사물이든 사회든 관계를 인식하기 위해서는 이름 붙이는 일(命名)이 필요하다. 그래서 공자는 "임금은 임금답고, 신하는 신하다우며, 어버이는 어버이답고, 자식은 자식다워야 한다(君君 臣臣 父父 子子)." 라고 말하면서 각기 그 위치에 걸맞은 명분과 그에 대응하는 덕의 일치를 주장했다. 그리고 이를 바르게 이름을 붙이는 것, 즉 정명(正名)이라 말했다. 하지만 노자는 공자나 다른 제자백가들이 말하는 인간 사회의 질서나 명분을 인위적인 것이라 해서 부정적으로 보고 자연적인 질서인 무위로 돌아갈 것을 주장한다.

그렇다고 노자가 인간 사회의 인위적인 문화를 모두 부인한 것은 아니다. 노자 역시 인간 사회가 지닐 수밖에 없는 제도와 질서를 인정한다. 다만 노자는 "이름을 갖게 되면 멈추어야 할 한계가 있음도 알아야 한다."라고 말한다. 여기서 한계를 아는 일이란 어쩔 수 없이 인간 사회의 질서와 제도가 주어졌어도 그 속에서 명분과 구별을 통해 자신을 내세우지 않고 인위적인 것을 최소화해서 사는 것이다. 이는 무위와 자족의 태도를 의미한다. 또한 주어진 명분의 한계를 모르고 그 이상을 도모할 때 다툼이 생기는 법이니, "한계(=멈춤)를 알게 되면 위험을 피할 수 있다."는 말이다. 유한함을 안다는 것은 자연의 도를 아는 것이다. 다듬지 않은 통나무처럼 자연의 소박함을 지키면 서로에게 상처 줄 일이 없어 세상 사람들은 스스로의 자리를 찾아서 안정되게 마련이다. 장자의 경구에 귀 기울여 보자.

"사람의 생명은 유한하지만, 인식 능력은 무한하다. 유한한 생명을 가지고서 무한한 것을 추구하면 위태롭게 된다."

— 《장자》〈양생주(養生主)〉

33장
지킴으로 남는다

남을 아는 사람은 지혜로운 사람이고, 자신을 아는 사람은 현명한 사람이다. 다른 사람을 이기는 사람은 힘이 센 것이고, 자기 자신을 이기는 사람은 강한 것이다. 만족할 줄 아는 사람은 부유한 사람이고, 내키지 않아도 힘써 실행하는 사람은 의지가 강한 사람이다. 자신이 있어야 할 곳을 잃지 않는 사람은 오래가고, 죽어서도 잊히지 않는 사람은 장수하는 것이다.

이 장은 그 내용이 간단한 듯이 보이나 속에 담긴 의미를 보면 노자의 입장이 확연히 드러나는 중요한 대목이 들어 있다. 우선 첫 문장 "남을 아는 사람은 지혜로운 사람이고, 자신을 아는 사람은 현명한 사람이다(知人者智 自知者明)."에 나오는 지(知)와 지(智), 그리고 명(明)의 세 단어부터 살펴보자. 知와 智는 둘 다 '안다'는 뜻을 지녔지만, 그 아는 것의 내용과 범위가 다르다. 知는 포괄적이거나 일반적인 앎을 의미하는 데 반해, 智는 똑똑함, 또는 지혜로움 등을 의미한다. 智는 간지(奸智), 지혜(智慧), 지력(智力) 등으로 쓰인 것처럼 분별하고 시비하는 똑똑함을 말한다. 물론 이 문장에서 知는 동사로 쓰이고 있어 서로 대조되지는 않고 있다. 반면에 明은 '안다'는 의미를 지닌 단어가 아니지만 앎이든 삶이든 어떤 내용에 대해 최고의 경지에 도달한 경우를 지칭하는 말이다. 그래서 노자 또한 "남을 아는 사람은 지혜로운 사람이고, 자신을 아는 사람은 현명한 사람이다."라고 구별한 것이다. 말하자면 지혜로움은 특정한 부분에만 밝은 지식이라는 의미인 데 반해 현명함은 두루 밝은 지식이라는 의미가 담긴 것이다.

그 뒤를 이어 "다른 사람을 이기는 사람은 힘이 센 것이고, 자기 자신을 이기는 사람은 강한 것이다."라는 문장이 나온다. 그런데 첫 번째와 두 번째 문장 모두 시선이 밖으로 향하느냐 안으로 향하느냐에 따라 상태를 구별하고 있다. 남에게 향한 지식은 부분적인 지식만 지닌 지혜로움이고 남을 이기는 것은 단순하게 힘이 센 것인 데 비해, 자신을 향한 지식은 두루 알고 있는 현명함이고 자신을 극복하는 것은 내면에서 나온 강인함이라고 말하고 있다. 다른 사람을 아는 것 못지않게 자신을 알지 못하면 상황을 온전하게 안 것이 아니다. 다른 사람을 이기는 것 못지않게 자신의 힘을 제대로 가늠할 수 없다면 진정으로 강해질 수 없다. 그래서 손자(孫子) 또한 "지피지기(知彼知己)면 백전백승(百戰百勝)"이라 하지 않았던가.

자신을 아는 사람은 자신의 한계를 알아서 자족할 뿐만 아니라 자신의 분수를 아니 힘써 도를 지키고 행한다. 노자는 남을 알고 남을 이기는 것도 중요하지만 '편한 마음으로 제 분수를 지키며 만족함을 아는 것(安分知足)이 더욱 중요하다.'라고 조용히 타이르고 있다.

34장
작다 여기는 것이 진정 큰 것이다

큰 도는 넓어서(氾) 사방에 미치지 않는 곳이 없다. 만물의 근원이요 의지처이나 그렇다고 말하지 않는다. 세상 만물을 낳는 공을 세우고도 이름을 내세우지 않는다. 만물을 입히고 기르면서도 주인으로 행세하지 않으며 늘 욕망이 없다. 그러하니 아주 작다고 할 수 있다. 만물의 귀속처이면서도 주인 노릇을 하지 않는다. 그러하니 아주 크다고 할 수 있다. 도는 스스로를 위대하다 하지 않으므로 능히 큰 것을 이루는 것이다.

　다시 한 번 도의 작용을 설명한 장이다. 범(氾)은 물이 흘러넘치는 모습을 나타내는 말이다. 사방으로 넘쳐흐르는 물처럼 도 또한 미치지 않는 곳이 없다. 그러면서도 도는 "만물의 근원이요 의지처이나 그렇다고 말하지 않는다. 세상 만물을 낳는 공을 세우고도 이름을 내세우지 않는다." 이렇게 도는 만물을 낳고 기르면서도 자신을 내세우지 않고 주인 행세도 하지 않는다. 그래서 노자는 도는 작다고 말한다. 그런데 바로 뒤를 이어 만물이 돌아가는 자리임에도 주인 노릇을 하지 않으니 크다고 말한다.

　여기서 도를 크다(大), 작다(小)로 표현한 점에 주목할 필요가 있다. 도의 기능과 작용이 워낙 은밀하고 미세해 '작다'고 하겠지만, 만물이 낳고 되돌아가는 자리인데도 그 생겨난 바를 알 수 없도록 자신을 드러내지 않기에 '크다'는 것이다. 노자는 이렇게 도의 작용을 설명하면서도 도가 대소라는 대립항을 통해 상호 순환하는 존재임을 밝히고 있다. 말하자면 도는 크면서도 작은 존재라는 이중의 의미를 지니면서, 언제든지 큰 것에서 작은 것으로 작은 것에서 큰 것으로 변화하고 순환할 수 있는 존재 형식임을 일관되게 주장하고 있다.

35장
거침없이 다함없이

큰 도의 모습(大象)에 따르면 세상 만물이 거침없이 왕래할 것이다. 왕래하면서도 서로 해치지 않으니 세상이 평안할 것이다. 음악과 맛있는 음식은 지나가는 길손의 발길을 잠시 멈추게 할 수 있다. 그러나 도를 이르는 말은 담백하기만 하고 아무런 맛이 없다. 보려 해도 보이지 않으며 들으려 해도 들리지 않고 아무리 써도 다함이 없다.

대상(大象)은 도의 모습, 도의 형상을 의미한다. 도는 곧 자연이고 그 작용은 무위하니 세상 만물은 그 속에서 오간다. 무위자연하니 남을 해칠 일도 없고 세상만사가 순조롭고 평안하다.

그에 반해 인위로 다스림은 마치 맛난 음식과 멋진 곡조 같아 사람의 마음을 잠시 붙들 수는 있으나 담백한 도의 묘미에는 이르지 못한다. 혀 안에 잠시 머무는 감칠맛이나 귓가에 맴도는 감미로운 곡조는 사람을 잠시 사로잡을 수는 있지만 감정의 변화가 일어나면 곧바로 사위어 버릴 수 있다. 하지만 도는 아무런 맛도 없는 것 같지만 끊이지 않고 그 맛을 잊을 수 없게 만든다. 그래서 도를 일러 아무리 써도 끝이 없는 상태, 무궁무진하다고 하는 것이다.

36장
얻으려면 먼저 내밀어라

장차 접으려거든 반드시 먼저 펼쳐야 한다. 장차 약하게 하려거든 반드시 먼저 강해지게 해야 한다. 장차 망하게 하려거든 반드시 먼저 흥하게 해야 한다. 장차 빼앗고자 한다면 반드시 먼저 주어야 한다. 이것이 바로 어떤 일이 일어날 징조다.

부드럽고 약한 것이 단단하고 강한 것을 이긴다. 물고기는 연못을 떠나서는 살 수 없다. 나라를 이롭게 다스리는 지혜는 남에게 보여주어서는 안 된다.

이 장은 자칫 세상사를 유연하게 대처하라는 처세나 경세에 대한 견해라고 오해받기 쉽다. 실제 한비자는 군주의 치세(治世)를 위한 계략, 즉 권모술수(權謀術數)라고 소개한 바 있다. 이후 많은 주석가들이 그 뒤를 따랐지만 그것은 올바른 해석이 아니다. 노자는 여기서도 접는 것과 펴는 것, 약한 것과 강한 것, 망하는 것과 흥하는 것을 대립항으로 만들어 그것들은 존재의 형식 속에 하나로 통일된 것이며 서로 순환 변화한다는 것을 밝히고 있을 따름이다. 탄생은 소멸의 시작이요, 개화(開花)는 낙화(洛花)의 전조며, 달은 차면 곧 기울게 마련이다. 그래서 노자는 "장차 접으려거든 반드시 먼저 펼쳐야 한다. 장차 약하게 하려거든 반드시 먼저 강해지게 해야 한다. 장차 망하게 하려거든 반드시 먼저 흥하게 해야 한다. 장차 빼앗고자 한다면 반드시 먼저 주어야 한다."라고 말한 것이다. 이는 또한 '만물이 극한에 도달하면 반대로 되고, 세가 강하면 반드시 약해진다.'라는 생각을 말한다.

"부드럽고 약한 것이 단단하고 강한 것을 이긴다."라는 대목은 위와 같은 견해를 전제로 성립된 《도덕경》의 일관된·메시지다. 이를 뒤에 나오는 "물고기는 연못을 떠나서는 살 수 없다. 나라를 이롭게 다스리는 지혜는 남에게 보여 주어서는 안 된다."라는 구절과 이어 보자. 그러면 '부드럽고 약하고 물고기나 성인처럼 조용하고 은밀하게 살면 항상 잘 다스리게 된다'는 의미로 된다. 곧 도를 아는 자가 지녀야 할 일상적인 태도를 말하는 것이다. 그러므로 36장은 강한 것을 이기는 것이 도리어 약한 것이라는 처세·경세론이 아니라 그 자체로 순환 변화하는 도의 이치를 말하는 장으로 해석해야 한다.

37장
함이 없으면서 하지 않음이 없다

도는 항상 억지로 무엇을 하지 않으면서도 하지 않는 것이 없다. 통치자(侯王)가 만약 이것을 지킬 수만 있다면 만물은 저절로 잘 자랄 수 있다. 인위적으로 교화하면서 욕심을 부린다면 나는 아직 드러나지 않은 순박함으로 그것을 바르게 할 것이다. 드러나지 않은 순박함에는 욕심 또한 없다. 욕심이 없으면 고요해지고 세상은 자연히 안정될 것이다.

《도덕경》가운데 약 절반을 차지하는 〈도경〉의 마지막 장이다. 뒤에 이어지는 나머지 장들은 〈덕경〉이라 부르고 〈도경〉과 합쳐져 《도덕경》을 이룬다. 첫 구절의 "도는 항상 억지로 무엇을 하지 않으면서도 하지 않는 것이 없다."라는 말은, 도의 작용을 설명한 것이다. 도는 마치 여여(如如, 불교에서 궁극적 진리, 만물의 본체를 뜻하는 말로 변화하는 세계의 변화하지 않는 존재 그대로의 진실한 모습을 말함)하게 존재하나 그 모습을 드러내지 않아서 아무것도 하지 않는 듯하지만 모든 일을 이룬다는 뜻이다.

"통치자가 만약 이것을 지킬 수만 있다면 만물은 저절로 잘 자랄 수 있다."라는 구절에서는, 통치의 대상을 백성이 아닌 만물로 내세운 점이 눈에 띈다. 백성 또한 만물에 속하며 사람을 포함한 만물은 서로 조화를 이루고 살아야 한다는 뜻이다. 통치의 대상이 사람으로 국한된다면 후왕(侯王)은 통치자로 해석하는 것이 마땅하나, 만물로 확장했기에 무위로써 만물의 조화를 꾀하는 성인으로 이해하는 것도 가능하다.

그다음 문장에 들어 있는 핵심 개념인 순박함(樸), 욕심내지 않음(不欲), 고요함(靜)은 모두 무위가 구체화된 태도를 말한다. 도를 아는 사람이라면 모름지기 욕심내지 않고 고요함과 순박함을 지켜야 하며, 이것이야말로 무위로써 만물의 조화를 이루는 길이다.

제 2 부

덕경 德經

38장부터 81장까지는 도(道)의 작용이라 할 수 있는 덕(德)에 관한 이야기다. 《사기》에 기술된 바에 따르면 하편인 셈이다. 중국 춘추 시대의 정치가이자 사상가였던 관중은 형상이 없는 도가 사람의 행위로써 형상화된다는 뜻에서, 덕을 '도의 집'이라고 표현했다. 형이상의 도가 덕으로써 구체화된다는 뜻이다. 도는 가늠할 수 없는 너비와 깊이 때문에 규정하는 표현이 따로 없다. 하지만 덕은 인간의 행위로써 구체화되기에 수준과 정도를 짐작하게 하는 다양한 표현이 존재하는데, 현덕(玄德), 상덕(上德), 광덕(廣德), 건덕(建德), 질덕(質德) 등이 그것이다.

현덕은 도의 작용이 깊고 오묘하다는 뜻이고, 상덕은 도에 가장 가깝다는 뜻이며, 광덕은 도의 작용이 넓다는 의미다. 도의 작용이 굳건해 흔들리지 않는 것은 건덕으로, 도의 작용이 바탕 그대로 순수하고 소박한 상태는 질덕으로 각각 표현했다. 이 밖에도 영원불변한 도의 작용을 뜻하는 상덕(常德)이 있다.

《도덕경》의 탁월한 주석가였던 삼국 시대의 왕필(王弼, 226~249년. 중국 역사상 최고의 천재 학자로 불리며 하안과 함께 위·진 시대의 사변적인 학문인 현학을 주도해 중국 중세의 관념론 체계에 큰 영향을 끼침. 어린 나이에 노자를 해설한 책을 집필했음)은 도가 가장 잘 실현된 상덕(上德)에 대해 "구하지 않으면서도 얻고 행하지 않으면서도 이룬다."라고 말했다. 이는 도가 사람을 통해 무위자연의 태도로 나타난다는 뜻이다. 이에 비해 하덕(下德)은 억지로 무엇인가를 행하려는 태도를 말한다. 이른바 인위인 셈이다.

노자는 도와 덕을 말하되 둘의 관계를 갈라 선후나 경중으로 구별하지 않았다. 본래 하나인 '도'가 존재와 작용으로 역할이 나뉘었을 뿐이라고 보았기 때문이다. 이와 같은 노자의 의중이 반영돼 1부인 〈도경〉에서는 주로 근원적인 존재로서의 도가 다뤄졌다면, 2부 〈덕경〉에서는 도의 작용인 '덕'에 관해 밝히고 있다.

38장
높은 덕은 의도하지 않느니

높은 덕(上德)은 덕이라고 하지 않기에 덕이 있는 것이다. 낮은 덕은 덕을 잃지 않으려고 애쓰기에 덕이 없는 것이다. 높은 덕은 아무것도 하지 않으니 아무런 의도함이 없고, 낮은 덕은 억지로 무엇을 하려는 의도가 있다. 높은 어짊(上仁)은 그것을 행하되 무엇을 바라며 하지 않고, 높은 의로움(上義)은 그것을 행하되 의식적인 데가 있다. 높은 예절(上禮)은 예를 행하되 상대방이 이에 응하지 않으면 팔을 걷어붙이고 끌어당긴다.

그러므로 도를 잃으면 덕이 나타나고, 덕을 잃으면 인이 나타나며, 인을 잃게 되면 의가 나타나고, 의가 떨어지면 예가 나타난다. 무릇 예절이란 충실함과 신의가 얄팍해지면 생기는 것으로 세상이 어지러워지려는 조짐이다. 미리 알려진 지식이란 도를 꾸민 것이자 어리석음의 시작이다. 그러므로 대장부는 처신을 두터이 하고 가볍고 얕게 살지 않으며, 진실하게 행동하고 꾸며진 것에 머물지 않는다. 그런 까닭에 얕음과 꾸밈을 버리고 두터움과 진실함을 취한다.

이 장부터가 〈덕경〉의 시작인데 노자는 여기서도 〈도경〉의 첫 번째 장과 비슷한 부정문 방식으로 말하고 있다. "말로 표현할 수 있는 도는 도가 아니다."라고 부정을 통해 도를 정의했듯이 도가 구체적으로 작용해 나타나는 '높은 덕은 스스로를 덕이라고 부르지 않기에 도리어 덕이 있는 것이다.'라고 말한다. 아무런 의도가 들어 있지 않아야 비로소 도가 작용해서 높은 덕이 드러난다는 의미다.

그러니 "높은 덕은 아무것도 하지 않으니 아무런 의도함이 없고, 낮은 덕은 억지로 무엇을 하려는 의도가 있다." 즉, 높은 덕이란 무위를 지키기에 그 내면에 늘 덕이 있지만, 낮은 덕은 자신의 부족함을 채우려 인위적인 행동을 하기에 부덕해진다. 이처럼 무위와 인위로 도의 있고 없음, 그리고 그 작용인 상덕의 있고 없음을 가르는 방식은 인(仁)과 의(義), 예(禮)의 경우에도 마찬가지로 적용된다. 노자는 도, 덕, 인, 의, 예가 서로 의존 관계에 있다고 보고, 도를 제외한 덕, 인, 의, 예는 인위에 가까울수록 무위, 즉 도에서는 멀어진다고 보았다. "그러므로 도를 잃으면 덕이 나타나고, 덕을 잃으면 인이 나타나며, 인을 잃게 되면 의가 나타나고, 의가 떨어지면 예가 나타난다."라는 말은 바로 이 뜻이다. 18장의 "큰 도가 사라지니 인의가 있게 되었다."라는 말과 같은 맥락이며, 38장에서는 이를 더욱 확장해서 구체적으로 보여 준다.

노자의 의도적인 행위에 대한 경계는 "예절이란 충실함과 신의가 얄팍해지면 생기는 것으로 세상이 어지러워지려는 조짐이다."라는 대목에서 절정을 이룬다. 인의라는 덕목을 지키는 것처럼 위선적인 태도를 취해 이름을 드높이고자 하는 무리에 대한 훈계와 질책이다. 아마 노자가 현존 인물이라면 각종 제도와 법규를 만들어 권력과 지위를 다투는 세태를 향해 같은 질책을 하지 않을까 싶다.

39장
낮은 데로 임하소서

옛날에 오직 하나(=도)를 얻은 것들이 있다. 하늘은 하나를 얻어서 맑고, 땅은 하나를 얻어서 안정되었으며, 신(神)은 하나를 얻어서 영험하고, 골짜기는 하나를 얻어서 가득 채워졌으며, 만물은 하나를 얻어서 생겨나고, 통치자는 그 하나를 얻어 천하를 바르게 한다.

이를 미루어 말한다면, 하늘이 맑고 깨끗하지 않으면 장차 갈라질 것이요, 땅이 안정되지 못하면 장차 무너질 것이요, 신에게 영험함이 없다면 영향력이 사라질 것이요, 계곡의 물이 줄다 보면 장차 고갈될 것이요, 만물을 생장시키는 것이 없다면 장차 멸종될 것이요, 통치자가 바르지 못하면 자리에서 쫓겨 날 것이다.

그러므로 귀한 것은 천한 것을 근본으로 삼고, 높은 것은 낮은 것을 바탕으로 삼아야 한다. 그렇기 때문에 왕이 스스로를 고(孤, 외로움)

니, 과(寡, 덕이 없음)니, 불곡(不穀, 선하지 않음)이니 하는 말로 낮추어 부르는 것이다. 이것이 바로 천한 것을 근본으로 삼기 때문이 아니겠는가? 그렇지 않은가? 그러므로 수레를 헤아리면 수레가 없어지니, 아름다운 옥처럼 되려 하지 말고 볼품없는 돌이 되고자 하는 것이다.

22장의 "그러므로 성인은 하나의 도로써 세상의 본보기로 삼는다."는 말이 연상되는 장이다. 세상 만물이 존재하거나 그것을 인식하는 모든 행위, 심지어는 사람의 인식 밖에 있는 모든 일이 도를 근본으로 삼고 있음을 강조하는 말이다. "만물은 하나를 얻어서 생겨나고"라는 표현에서 이와 같은 견해를 다시 한 번 확인할 수 있다. 따라서 하나인 도를 근본으로 삼는다면 하늘은 맑아지고, 땅은 안정되며, 신은 영험해지고, 계곡은 물을 품어 가득 채워진다. 또한 그 안에서 만물은 생장하고, 왕은 올바름을 지켜 나가게 된다.

이렇게 도를 따라서 무위하게 되는 여섯 가지 가운데 "통치자는 천하를 바르게 한다."라는 말은 사람의 행위를 이끄는 인도(人道)에 해당한다. 비록 왕일지라도 높고 귀한 것보다 낮고 천한 것을 근본 삼아야 한다는 경구다. 머나먼 미국 모하비 사막 인근의 능인 선원에서 부처님의 진리를 전하는 한 법사님의 글을 보면 노자가 낮은 데로 임하라며 처하(處下, 자신을 낮추어서 아래에 머무는 자세)를 권했던 의도를 읽을 수 있다.

열아홉의 어린 나이에 장원 급제해 스무 살에 경기도 파주 군수가 된 맹사성은 기고만장, 자만심으로 가득 차 있었다. 어느 날 그는 무명 선사를 찾게 된다. 무명 선사는 당대 불교 선종의 한 종파인 묵조선의 법맥을 휘어잡고 있던 대선사다.

"이 고을을 다스리는 사람으로서 내가 최고로 삼아야 할 좌우명이 무엇이라 생각하시오?"

그러자 선사께서는 이렇게 답하셨다.

"그야 어렵지 않지요. 나쁜 일일랑 하지 마시고 좋은 일만 골라 베푸시면 됩니다."

"아니, 그런 거라면 삼척동자도 다 아는 이치인데. 그래, 먼 길을 온 내게 해 주시는 말씀이 고작 그것이란 말이오?"

"허허, 삼척동자도 다 아는 이치지만, 팔십 먹은 노인네도 행하기는 어렵지요."

그러나 맹사성은 새겨듣지 않았다. 거만하게 자리를 박차고 일어서려는데, 선사께서 그를 달래며 붙잡는다.

"이왕에 여기까지 오셨으니 차나 한잔 드시지요."

맹사성은 못 이기는 척 자리에 도로 앉는다. 그런데 선사께서는 맹사성의 찻잔이 넘침에도 자꾸만 찻물을 따르시는 게 아닌가.

"스님! 찻물이 넘쳐 방바닥을 다 적십니다."

맹사성이 소리쳤다. 이어지는 선사의 말씀이시다.

"그래, 찻물이 넘쳐 방바닥을 적시는 것은 알고 알음알이가 넘쳐 인품을 망치는 것은 왜 모르신단 말씀이오!"

선사의 이 한마디에 맹사성은 부끄러움으로 얼굴이 홍당무가 되었고, 황급히 일어나 방문을 밀고 나가려다 그만 낮게 가로지른 문틀에 머리를 세게 부딪치고 만다. 그것을 지켜본 선사께서 빙그레 웃으시며 한 소리 던지셨다.

"고개를 숙이면 부딪치는 법이 없소이다. 그러므로 그대, 낮은 데로 임하소서!"

        – 나란타 불교 아카데미 박재욱 지도 법사님의 칼럼 중에서

수레를 헤아리며 재산에 욕심을 부리면 그 재산마저 잃게 되니, 화려한 옥처럼 살려 하지 말고 볼품없는 돌처럼 순박하고 무위하게 살라는 노자의 말이 그림처럼 선명하게 확인되는 이야기이다.

40장
근본으로 돌아가라

 근본으로 돌아간다는 것은 도의 움직임이요, 유약한 것은 도의 작용이다. 세상의 만물은 유에서 살고, 유는 무에서 산다.

"근본으로 돌아간다는 것은 도의 움직임이다(反者道之動)."라는 표현에서 반(反)은 '상반되다'는 의미와 '되돌아가다(返)'는 두 가지 뜻으로 해석할 수 있다. 그런데 노자는 이 두 의미를 모두 포함한 뜻으로 사용했다. 노자는 사물의 움직임은 반드시 어떤 법칙에 따르는데, 그것이 바로 반(反)이라고 보았다. 이를 좀 더 풀어 설명하면 사물은 상반된 방향으로 운행하나 결국은 본래의 자리로 되돌아온다는 것이다. 앞의 25장에서 "큰 것(大), 즉 도는 가는데 멀리 가고, 멀리 가면 반드시 돌아온다."라고 한 표현도 비슷한 의미다. "유약한 것은 도의 작용(弱者道之用)"이라는 말도 노자가 여러 차례 말했듯이 도를 유약하고 부드러운 물에 비유한 것과 연관된 표현이다.

 문제는 "만물은 유에서 살고, 유는 무에서 산다(天下萬物生於有, 有生於無)."라는 구절이다. 생(生) 자를 '발생시키다' 또는 '낳다'로 해석하면 유(有)인 천하 만물이 또다시 유에서 발생한다는 말이 된다. 이것은 만물 자체가 유라고 표현되는 구체적인 존재를 의미하는데 그것이 다시 만물을 낳는다고 하는 논리적인 모순에 빠지게 된다. 1장과 2장 등에서 말했듯이 노자 철학에서 유는 눈에 보이며 구체적인 모양을 하고 있는 모든 사물을 가리키는 개념이다. 또한 2장과 4장에서 말했듯이 유와 무는 도라는 범주(=그릇)가 만물(=물)을 담고 있다고 할 때 도를 이루는 대립항을 말하는 것으로 서로 분리할 수 없는 개념이다. 그러므로 여기서 말하는 "만물은 유에서 산다."라는 구절은 "유는 모든 만물을 통칭해 가리킨다."라는 말의 또 다른 표현에 지나지 않는 것으로 보아야 한다. 그런 까닭에 이 구절은 '이 세계의 모든 만물은 유라는 범주의 테두리 안에서 산다.'로, 즉 '도를 이루는 두 대립항인 유와 무 가운데 유라는 범주 안에 존재한다.'라고 이해해야 마땅하다. 또한 그와 이어진 "유는 무에서 산다."라는 말도 유는 무와 함께 존재하며 무가 없으면 유 또한 무의미한 것이니, 유는 무에 기대어 산다는 의미로 받아들여야 한다(위의 설명이 어렵다면 다시 앞으로 가서 1장과 2장, 4장 등을 참조하시오). 그러므로 이 장은 비록 짧기는 하지만 반(反), 약(弱) 그리고 유와 무로써 도의 존재 형식과 그 작용을 간결하면서도 명확하게 짚어 주는 노자 철학의 핵심적인 장이라 하겠다.

41장
큰 그릇은 늦게 이루어진다

훌륭한 선비는 도를 들으면 힘써 행하고, 평범한 선비는 도를 들으면 반신반의하고, 어리석은 선비는 도를 들고서도 크게 웃어넘긴다. 비웃음을 사지 않는 도는 도라 할 수 없다. 그래서 예부터 전해 오는 다음과 같은 말이 있다. 밝은 도는 어두운 것 같고, 나아가는 도는 물러나는 것 같고, 평탄한 도는 굽은 듯하고, 최상의 덕은 골짜기처럼 빈 것 같다. 가장 깨끗한 것은 더러워 보이고, 넓은 덕은 부족해 보이고, 건실한 덕은 구차해 보이고, 질박하고 순수한 것은 변질된 것같이 보인다. 정말 큰 사각형은 모서리가 없고, 정말 큰 그릇은 늦게 이루어지며, 정말 큰 소리는 그 음을 들을 수 없고, 정말 큰 형상은 모양이 없다. 도는 숨어 있기에 이름이 없지만 오직 도만이 잘 빌려 주고 잘 이룬다.

"최상의 덕은 골짜기처럼 빈 것 같다."라는 구절은 4장의 "도는 비어 있어 아무리 써도 다함이 없다. 끝 모를 깊음이 있으니 마치 만물의 근본인 듯하다."라는 구절과 연결하면 그 뜻이 더욱 명확하게 드러난다. 비어 있으되 모든 것이 여기서 발원하니 '천하의 광활한 골짜기가 되며' 그 영원한 덕은 저절로 충만해져 자연은 큰 도의 순박한 상태로 돌아간다. 그래서 노자는 "최상의 덕은 골짜기처럼 빈 것 같다."라고 말한 것이다.

훌륭한 선비는 텅 빈 골짜기를 재물이나 세상의 명리로 채우려 하기보다 자연의 순박한 도를 알고 힘써 행하려 들기에 사람들로부터 조롱을 받는다. 그래서 "비웃음을 사지 않는 도는 도라 할 수 없다."라고 말한 것이다. 예수도 〈마태복음〉에서 "여우도 굴이 있고 공중의 새도 거처가 있으되 오직 인자는 머리 둘 곳이 없다."라고 하지 않았던가.

세상의 비웃음을 받는, 그래서 참된 도는 사람들에게 어떤 모습으로 보일까? 어둡고 희미하며, 거칠고 굽어 있는 듯하다. 뿐만 아니라 부족하고, 구차스럽고, 질박해 보이기까지 한다. 그러나 "정말 큰 그릇은 늦게 이루어지며, 정말 큰 소리는 그 음을 들을 수 없고, 정말 큰 형상은 모양이 없다. 도는 숨어 있기에 이름이 없지만 오직 도만이 잘 빌려 주고 잘 이룬다." 이렇게 노자는 도야말로 오히려 너무나도 크고 넓은 존재이기에 보이지 않는 곳에서 모든 것을 이루는 근원이라고 힘주어 말한다.

42장
덜어 내야 얻는다

도는 하나를 낳고, 하나는 둘을 낳고, 둘은 셋을 낳고, 셋은 만물을 낳는다. 만물은 음을 지고 양을 안으니 두 기가 서로 만나 조화를 이룬다.

사람들이 싫어하는 것은 고(孤)·과(寡)·불곡(不穀)이지만, 왕이나 제후는 오히려 이것들로 자신의 호칭을 삼는다. 그러므로 만물은 덜어 내는 것이 오히려 이익이 되기도 하고 보태는 것이 손해가 되기도 한다. 사람들이 가르치는 것은 나도 역시 가르친다. 함부로 힘자랑하는 자는 제 명에 죽지 못한다. 장차 나는 이것을 가르침의 근본으로 삼겠다.

42장의 앞부분은 도의 작용을 설명하고 있고 뒷부분은 덜어 냄(損)과 보탬(益)이라는 대립항을 통해 인간 세상의 원칙을 밝히고 있다.

앞부분에서 "도는 하나를 낳고, 하나는 둘을 낳고, 둘은 셋을 낳고, 셋은 만물을 낳는다."라고 했는데, 그 의미는 무엇일까? 사실 이 부분을 단순하게 대하려면 도는 곧 하나(一)이기도 하니 도에서 둘과 셋이 분화되고 순차적으로 세상 만물이 생겨나는 과정을 설명했다고 볼 수도 있다. 하지만 이렇게 도를 만물의 발생 근거로만 이해하는 방식은 앞에서부터 설명해 온 도의 성격, 즉 유무와 같은 대립항이 함께 하나의 범주를 이룬다고 설명한 내용과는 서로 맞지 않는다. 즉 도를 유와 무라는 대립항이 상대로 변화하고 짝을 이루어 존재하는 범주로 이해한다면 도가 하나라고 부르든 둘이라고 부르든 어떤 사물을 순차적으로 발생시킨다는 말은 그 자체로 모순이다. 왜냐하면 도는 만물의 발생과 소멸을 담고 있는 그릇과 같은 범주인데, 도에서 하나가 먼저 나오고 거기에서 다시 둘이 나오고 둘에서 셋이 나온다는 것은 이런 범주임을 포기하고 발생의 근거나 주재자로 본다는 말이기 때문이다.

그러므로 도가 하나를 낳는다는 말은 도가 하나를 발생시키는 것

이 아니라 도를 큰 틀(=범주)인 하나로 받아들이라는 말로 이해해야
한다. 그러면 하나가 둘을 낳는다는 말도 유와 무 같은 두 개의 대립
항이 하나라는 범주로 묶여진 것이라고 이해할 수 있다. 둘은 셋을
낳는다는 말은 유와 무 같은 대립항의 운동 변화를 통해 구체적인
사물의 형태가 새로 생겨나니 그것을 셋이라고 하자는 말이다. 셋이
만물을 낳는다는 말은 새로 생겨난 셋이 또 다른 사물을 낳는다는
의미가 아니라 새로 생겨난 셋과 같은 방식으로 만물이 생겨난다는
뜻으로 이해해야 한다. 말하자면 셋이라는 사물들의 집합이 만물이
라는 의미다. 이어서 노자는 이렇게 생겨난 만물은 음과 양이라는
두 개의 기가 서로 운동 변화해서 이루어진 것이라고 덧붙인다. 예
부터 내려온 음양론으로 설명하면 유무라는 범주는 곧 음양이라는
기로 대체할 수 있다는 말이다.

　이처럼 만물을 음과 양, 유와 무 등의 두 측면이 결합한 것으로 이
해할 수 있는 사람이라면 인간 세상의 손익도 그와 같이 받아들일
수 있다. 그래서 노자는 "덜어 내는 것이 오히려 이익이 되기도 하
고 보태는 것이 손해가 되기도 한다."라고 말한다. 이 대목을 읽다
보면 불교의 무소유(無所有)가 연상된다. 불교에서는 무소유에 대해
"버리고 또 버려 더 이상 버릴 것이 없을 때까지 버려라."라고 말한
다. 도교에서는 덜어 내고 또 덜어 내는 행위를 무위라 한다. 여기서
버리고 덜어 내야 할 것은 인간이 지닌 욕심과 알음알이다. 그러므

로 무위로 무소유한다는 말이나 무소유로써 무위한다는 말은 서로 다르지 않다. 많은 사찰 입구에 써 있는 "신비로운 광명이 밝고 밝아 만고에 찬란하게 빛나고 있다. 이 문에 들어오거든 모든 알음알이를 던져 버려라."라는 글(중국 원나라 때의 선사 중봉명본(中峯明本, 1263~1321년)의 글이다) 또한 그런 의미다. 깨달음은 논리적인 추론을 통해 구해지는 것이 아니다. 인간의 인식 능력을 과신하는 알음알이를 던져 버릴 때, 문득 깨닫게 되는 것이다.

또한 덜어 내고 또 덜어 내는 무위를 행하자는 노자의 권고에는 그가 살았던 시대상이 반영되어 있다.

왕도가 쇠약해짐으로 제자백가 사상이 일어났고, 다스리기에 힘썼던 당시 군주들은 좋아함과 싫어함의 차이가 분명했다. 제자들은 9가(九家)의 이론을 앞세워 벌떼처럼 달려들어 각자의 주장을 펼쳤으며, 자신들의 장점을 높이 치켜세웠고 서로 경쟁하며 제후들의 환심을 사고자 했다.

– 《한서(漢書)》〈예문지(藝文志)〉

제후들의 세력 다툼으로 전란이 끊이지 않던 춘추 시대에, 사람들은 살아남거나 출세를 위해 모략과 술수를 거리낌 없이 행했으며 학문과 사상을 출세의 수단으로만 활용하고자 했다. 자신을 수양하는

데 쓰기보다는 처세의 방편으로 삼았던 것이다. 9가란 제자백가를 대표하는 아홉 개의 학파로 유가, 도가, 음양가(陰陽家), 법가, 명가(名家), 묵가, 종횡가(縱橫家), 농가(農家), 잡가(雜家)를 가리키며, 구류(九流)라고도 한다. 노자는 이와 같은 세태를 개탄해 "함부로 힘자랑하는 자는 제명에 죽지 못한다."라면서 "장차 나는 이것을 가르침의 근본으로 삼겠다."라고 말한다.

43장
부드러움이 단단함을 이긴다

세상에서 가장 부드러운 것이 가장 단단한 것을 부릴 수 있다. 형체가 없는 것이 빈틈이 없는 곳으로 들어간다. 나는 이로써 무위가 유익하다는 것을 안다. 말 없는 가르침과 무위의 유익을 실행하는 것이 세상에서는 극히 드문 일이다.

노자는 "세상에서 가장 부드러운 것이 가장 단단한 것을 부릴 수 있다."라고 말한다. 그렇다면 세상에서 가장 부드러운 것은 무엇일까? 물이요 바람이다. 물과 바람은 부드러우나 그 어떤 단단한 것도 뚫고, 그 어디에도 스민다. 그래서 "형체가 없는 것이 빈틈이 없는 곳으로 들어간다."라고 한 것이다. 노자가 말하는 최상의 선(上善)은 무위자연의 도를 따르는 것이고, 이를 가장 잘 보여 주는 상징물이 바로 물이다. 그래서 노자는 "최상의 선은 물과 같다."라고 이미 말한 바 있다.

"말 없는 가르침과 무위"는 곧 자연이다. 물로 비유되는 자연의 도가 세상의 다툼과 혼란을 모두 극복할 수 있는 방안이라는 것을 알고 있지만, 이를 깨닫고 실천하는 것은 매우 어려운 일이다. 사람들에게는 남보다 잘 먹고, 잘살고, 자식들을 잘 양육하고자 하는 사회적인 본능이 있기 때문이다. 그러하니 노자는 가장 낮은 곳을 지향하며 모두를 포용하는 물처럼 무위하면서도 모두에게 유익한 존재가 되기란 참으로 어려운 일이라고 하였다.

44장
명예와 몸, 어느 것이 절실한가

명예와 몸은 어느 것이 더 가까운가? 몸과 재물은 어느 쪽이 더 중한가? 얻는 것과 잃은 것 가운데 어느 것이 사람을 더 병들게 할까? 그런 까닭에 재물을 지나치게 아끼면 반드시 쓸 일이 생기고, 많이 쌓아 두면 반드시 크게 잃어버린다. 만족할 줄 알면 욕됨을 면하고 그칠 줄 알면 위태롭지 않으니 이렇게 해야 오래 살 수 있다.

《예기(禮記)》에 "많은 재물은 덕을 해친다."라는 말이 있다. 본문의 "많이 쌓아 두면 반드시 크게 잃어버린다."라는 말과도 통한다. 앞서 3장에서도 "얻기 힘든 재화를 귀히 여기지 말아야 백성들이 재물을 훔치지 않는다."라고 언급한 바 있다. 모두가 재물에 대한 지나친 집착이 화를 부른다는 경고의 메시지다.

욕심은 한계가 없다. 특히 재물에 대한 욕심은 더욱 그러해서 다른 종류의 욕심보다 본인은 물론 주변 사람, 더 나아가 세상 사람들에게까지 크나큰 화를 불러일으킨다. 문명이 발달하고 의식 수준이 높아짐에 따라 명예욕이나 권력욕보다 재물에 대한 욕심이 더욱 늘고 있다. 돈이면 뭐든지 살 수 있다는 생각이 팽배해, 심지어는 명예나 권력조차도 돈으로 매수하려는 시도가 드물지 않다. 하지만 많이 쌓아 두면 크게 잃어버릴 수 있는 법이니 주어진 것에 만족할 줄 알아야 위태롭지 않고 자연이 허락한 수명을 다 누릴 수가 있다고 노자는 조언한다.

45장

맑고 고요하니 세상이 바르다

크게 이룸(大成)은 모자란 듯해도 그 쓰임은 다함이 없다. 크게 채워진 것은 빈 듯하지만 그 효용은 끝이 없다. 가장 곧은 것은 굽은 것과 같고, 가장 뛰어난 기교는 서투른 것과 같고, 뛰어난 웅변은 눌변처럼 들린다. 움직이면 추위를 이길 수 있고, 가만히 있으면 더위를 이길 수 있다. 맑고 고요한 것이 세상을 바르게 한다.

25장에서 대(大)가 곧 도(道)임을 밝힌 바 있다. 그러니 대를 도로 바꾸어 본문을 다시 풀어 보자.

도를 이룸은 모자란 듯하지만 아무리 써도 다함이 없고, 도의 충만함은 텅 빈 듯하나 그 쓰임은 끝이 없다. 도는 곧으나 굽은 듯하고, 능숙하나 서툴러 보인다. 도를 아는 사람의 말투는 어눌하기까지 하다.

이는 도의 특성을 밝힌 것으로 앞에서 말한 도에 관한 언급과 별반 다르지 않다. 문제는 그다음이다. "움직이면 추위를 이길 수 있고, 가만히 있으면 더위를 이길 수 있다. 맑고 고요한 것이 세상을 바르게 한다(躁勝寒, 靜勝熱. 淸靜爲天下正)."라는 구절에서 조(躁)는 몸을 재게 놀리는 것이고, 정(靜)은 가만히 두는 것이다. 몸을 재게 놀리거나 가만히 두는 행위는 자신을 온전케 하지만 조와 정은 자신을 지키려는 인위적인 노력이다. 반면에 청정(淸靜)은 15장에서도 나왔듯이 "흐린 물을 고요히 안정시켜 서서히 맑게 한다."라는 뜻이니 곧 무위를 말한다. 자연이 청정함으로 그 본성을 유지하듯이 사람 또한 마음을 가라앉혀 맑은 본성을 회복할 때, 비로소 도와 일치하는 성품을 회복한다는 말이다. 불가(佛家)에서 말하는 자성(自性)도 바로 이와 같은 의미. 자성이란 어린아이의 마음처럼 내 안에서 변하지 않는 깨끗한 본성을 일컫는 말이다.

46장
만족을 모르니 불행하다

세상에 도가 실현되면 잘 달리는 군마도 물러나 농사에 쓰인다. 세상에 도가 없으면 군마가 국경에서 새끼를 낳는다. 지나친 욕심보다 더 큰 죄가 없고, 만족할 줄 모르는 것보다 더 큰 불행은 없으며, 남의 것을 탐내는 것보다 더 큰 허물은 없다. 그러므로 자족함을 아는 데에서 오는 만족이야말로 영원한 만족이다.

노자는 근본적으로 무욕(無欲)해야 한다고 말한다. 그러나 욕망이 만물이 가진 본능이라는 점에서 만물의 생장에 관여한다는 점을 부정하지 않는다. 다만 인간이 지닌 지나친 욕망으로 인해 인간 세상이 다툼과 갈등으로 물들까 경계했다.

만족을 모르는 태도는 늘 화를 부른다. 그래서 노자는 "만족할 줄 알면 욕됨을 면하고 그칠 줄 알면 위태롭지 않다."라고 강조했다. 심지어는 아예 "욕심낼 만한 것은 보지도 말라."라고 말하기까지 했다. 욕망을 불러일으킬 만한 행동도 하지 말라는 뜻이다. 일전에 슬럿워크(SlutWalk, 잡년 행진)라는 조금 낯선 시위행진이 있었다. 슬럿워크는 "성폭력의 피해자가 되지 않으려면 여성은 헤픈 여자(Slut)와 같은 옷차림을 피해야 한다."라는 캐나다 경찰 마이크 생귀네티의 발언에 반발하여 일어난 여성 운동으로 야한 옷을 입고 거리를 행진하며 벌이는 시위행동이다. 그런데 만일 노자가 이 광경을 목격했다면 무어라고 했을까? 욕심을 가질 만한 옷차림을 한 여자들의 행태가 잘못이라고 비판했을까 아니면 여성들의 옷차림까지 범죄시하는 남성 중심주의에 일갈을 했을까?

사실 노자는 무위, 무욕, 청정을 권했으나 인간 세상이라면 어디나 있기 마련인 인위, 탐욕, 혼탁 자체를 직접 나무란 적은 없다. 인위, 탐욕, 혼탁의 원인을 밝히고 무위와 무욕의 자세를 주장했으나 인위나 탐욕 자체에 대한 필벌론(必罰論)을 내세우지 않았다. 사회적인 윤리 도덕에 어긋나는 행위를 징벌해야 한다는 의견은 인위적인 질서를 내세우는 유가, 법가에서나 있음직한 일이다. 노자는 선·악, 시·비를 인위적으로 나누고 대응하는 방식으로는 인간 세상이 밝아지지 않는다고 보았다. 그러므로 "만족할 줄 모르는 것보다 더 큰 불행이 없고, 남의 것을 탐내는 것보다 더 큰 허물은 없다."라는 노자의 말은 여성을 남성의 소유물이나 남성의 성적 노리개로 보는, 만족할 줄 모르고 지배욕에 사로잡힌 남성들을 질타하는 말로 받아들여도 무리가 아니다.

47장
문 안에서 천하를 안다

문밖에 나가지 않고도 세상을 알 수 있고, 창문으로 엿보지 않고도 하늘의 도를 볼 수 있다. 멀리 나갈수록 알게 되는 것은 적어진다. 그러므로 성인은 나가지 않고도 알 수 있고, 보지 않고도 이름 지을 수 있으며, 하지 않고도 이룰 수 있다.

여기서 문이나 창문은 인식의 대상(=객체)인 세상과 인식의 주체인 나를 나누는 경계를 의미한다. 물론 객관적인 대상을 보다 잘 파악하려고 문밖을 나서는 방법이 인식의 폭을 넓힐 수도 있다. 그러나 노자가 강조하려는 것은 대상에 빠져들면 도리어 진실과 멀어질 수 있다는 점이다. 밖으로 나서고 멀리 내다보게 되면 도리어 알음알이가 생겨 도에서 멀어질 수 있다는 것이다. 이것은 눈앞에 보이는 사물을 이성으로 분석하고 개념화하지 말 것이며 직관으로 대해야 한다는 점을 강조한 말이기도 하다. 서양의 현상학자 에드문트 후설은 이를 에포케(epoche), 즉 판단 정지라고 했다. 나와 세상을 나누는 경계를 의식하지 말고 판단하지도 말 것이며, 사물을 있는 그대로 바라보고 마음으로 깨치면 그것이 곧 노자가 말한 "하지 않고도 이루는 것"이다.

48장
학문은 보태고 도는 덜어 낸다

학문을 하면(爲學) 지식이 나날이 늘어나고, 도를 행하면 지식이 날마다 줄어든다. 줄고 또 줄어 무위에 이른다. 무위는 일을 하지 않아도 이루지 못함이 없다. 세상을 얻으려는 사람은 무위를 행해야지 유위를 행하면 결코 세상을 얻을 수 없다.

여기서 학문(學)이란 유가나 법가 등이 내세우는 인위적인 학문, 말하자면 전통과 문화에 기반한 사회적 도덕과 규범을 배우는 행위를 말한다. 이런 인위적인 배움이 춘추 시대의 혼란을 멈추게 할 수 없을 것이라고 생각한 노자는 학문으로 덕을 이루기보다는 덕으로 도를 드러내야 한다고 생각해서 《도덕경》을 지었다. 그러므로 노자의 도는 인위적인 학문 방식이 아니라 무위자연을 통해 직관적으로 얻는 깨달음과 비슷한 개념이다.

학으로 얻은 지식은 사물과 나 사이를 구획 짓고 경계 짓는 인식을 강요한다. 그러하니 학문이 깊을수록, 즉 지식이 쌓일수록 이런 구획과 경계가 두터워져 사물의 참다움을 가까이 접하지 못하게 된다. 따라서 노자는 눈앞의 사물과 자연을 인간 지식의 좁은 프레임 안에 가두려 하지 말고 인식하는 주체와 객체의 경계조차 허물어 자연과 하나가 되라고 말한다. 학으로 지식을 쌓는 것은 유위(有爲)로써 경계를 세우는 일이기에 움켜쥔 손아귀의 바깥쪽, 즉 자연이 주는 깨달음을 결코 얻을 수 없다. 그래서 학으로 덕을 삼지 않고 도로 덕을 삼는 것을 일컬어 무위(無爲)라 하고 무위는 자연의 모든 것을 포함하는 깨달음이니 "하지 않으면서도 이루지 못함이 없다."라고 말한 것이다.

49장

성인은 집착하지 않는다

성인은 마음의 집착이 없어서 백성의 마음을 자신의 마음으로 삼는다. 선한 사람을 선하게 대할 뿐만 아니라 악한 사람조차도 선하게 대하는 것은 나 자신이 선한 덕을 갖추고 있기 때문이다. 믿음이 있는 사람을 신임하고 믿음이 없는 사람도 믿는 것은 내가 믿을 수 있는 덕을 갖추고 있기 때문이다. 성인은 세상에 있으면서도 마음의 집착을 거두고 세상을 위해 자신의 마음을 흐릿하게 만드니 백성들은 그들의 눈과 귀로써 성인을 주목한다. 성인은 백성들을 어린아이와 같이 순수하게 한다.

성인은 자신과 대상을 나누는 그 어떤 기준도 두지 않아 남과 나를 분별하지 않는다. 무욕(無欲), 무사(無事), 무명(無名)함으로써 무위(無爲)한다. 일본의 저명한 선학자 야나기다 세이잔이 소개한 달마(중국에 선 불교를 포교한 인도 출신의 승려로 중국 선종의 1대 조사로 추앙받는 인물)의 말에도 이와 같은 의미가 담겨 있다.

"지혜로운 사람은 자신에게 맡기지 않고 사물에 맡기기 때문에, 취함과 버림도 없으며 거스름과 순응함도 없다. 어리석은 사람은 사물에 맡기지 않고 자신에게 맡기기 때문에, 취함과 버림이 있으며 거스름과 순응함도 있다. 만약 마음을 활짝 열고 사물에 맡겨 최후로 천하를 잊을 수 있다면, 이것이 바로 사물에 맡겨 시간에 따르는 것이다. 사물에 맡겨 시간에 따르는 것이 이행(易行, 행하기 쉽고, 깨달음에 빨리 도달할 수 있는 불교의 수행법)이며 저항해 사물을 변화시키는 것은 난행(難行, 어렵고 까다로운 수행법)이다. 사물이 오면 그에 맡겨 거스르지 말며 떠나가면 떠나가는 대로 좇지 말며 무엇을 말했든지 간에 지나간 것은 후회하지 말며 아직 오지 않은 것은 염려하지 말라. 이를 두고 도를 행한다고 한다."

달마는 "사물에 맡겨 시간에 따르는 것이 도"라고 말하는데 이는 곧 노자의 무위와 다름없다. 무위의 도를 알고 이를 행한다 함은 나와 사물을 구별 짓지 않고 사물을 차별하지 않는 것이다. 선(善)과 불선(不善), 신(信)과 불신(不信)을 가르는 마음은 때에 따라 변하는 까닭에 늘 한결같은 상심(常心)이라 할 수 없다. 성인은 편을 나누고 가르는 마음이 없으니 상심을 지닐 뿐만 아니라 그 마음을 흐릿하게 만들어 착한 사람이든 악한 사람이든 어느 누구와도 소통할 수 있다. 맑은 물에는 빛이 곧게 투과하고 흐린 물에는 빛이 굴절되는 이치처럼 편견 없이 보면 세상은 모두 순수하다. 성인이 백성들을 순수한 어린애처럼 만들 수 있는 까닭은 바로 이 때문이다.

50장
나오면 살고 들어가면 죽는다

나오면 살고 들어가면 죽는다. 살아 있는 무리가 열에 셋이요, 죽어 있는 무리가 열에 셋이다. 살 수 있으나 공연히 죽는 곳으로 가는 사람 또한 열에 셋이다. 어찌 된 까닭인가? 그것은 살려고 하는 마음이 너무 많기 때문이다. 듣자하니 섭생(攝生, 병에 걸리지 않도록 건강을 잘 관리하는 일)을 잘하는 사람은 들판에서도 무소나 호랑이를 만나 해를 입지 않고 군대에 들어가도 갑옷을 입고 무장할 일이 없다고 한다. 소가 뿔로 받을 곳이나 범이 발톱으로 할퀼 곳이 없고 적의 칼날에 다칠 일이 없기 때문이다. 어찌 된 까닭인가? 그에게는 죽을 장소가 없기 때문이다.

태어나 주어진 수명을 다 누리는 사람이 열에 셋이고, 수명을 다 누리지 못하는 사람이 열에 셋이다. 이 밖에 공연히 명을 재촉하는 사람 또한 열에 셋이다. 왜 이토록 단명하는 사람이 많은가? 삶에 대한 지나친 집착 때문이다. 반면에 삶을 잘 돌보는 사람은 위험을 만나지 않거나 위험한 상황에 처해서도 화를 입지 않고 명을 보존한다. "어찌 된 까닭인가?"라는 질문을 '어찌 위험을 만나지 않거나 만나도 화를 피할 수 있을까?'로 바꾸고 그 답인 "그에게는 죽을 장소가 없기 때문이다."의 의미를 새기면 노자의 생사관이 좀 더 분명해진다. 함석헌의 스승으로 기독교와 노장 사상을 접목시키려고 했던 다석 류영모(1890~1981년) 선생은 그 의미를 이렇게 밝혔다.

> "죽음은 없다. 그런데 죽음이 있는 줄 알고 무서워한다. 죽음을 무서워하는 육체적 생각을 내던져야 한다. 죽음의 종이 되지 말라. 죽기를 무서워해 육체에 매여 종노릇하는 모든 이를 놓아 주려 하는 것이 하늘의 말씀이다. 왜 밥을 못 잊을까. 죽을까 봐 그런 것이다."
>
> – 《다석어록》

류영모 선생의 말씀을 위의 질문과 연결해 보면 '삶을 잘 돌보는 사람은 죽음에 대한 두려움이 없는 사람이기 때문에 제명대로 산다.'라는 말이 된다. 즉, 삶과 죽음의 경계를 허물어 물 흐르듯 자연의 이치대로 살아가니 제명을 누린다는 의미다. 출생은 곧 소멸로 이어지게 마련이고 소멸은 자연으로의 귀의가 되어 또 다른 출생으로 이어진다. 나고 죽는 일을 자연의 입장에서 보면 그저 나가고 들어오는 일이다. 인간 또한 자연에서 나고 자연에 들 뿐이다. 이런 이치를 알고 순응하는 삶을 섭생 또는 양생(養生)이라 하는 것이다.

51장
도는 낳고 덕은 기른다

도는 만물을 낳고 덕은 만물을 기른다. 그래서 만물은 여러 형태로 나타나고 그 환경이 형성된다. 그런 까닭에 만물은 도를 존중하고 덕을 귀중하게 여긴다. 도를 존중하고 덕을 귀중하게 여기는 것은 누가 시켜서가 아니라 저절로 그러는 것이다. 그러므로 도는 만물을 낳고, 덕은 만물을 기른다. 만물을 키우고 자라게 하며, 안정시키고 편안하게 하며, 돌보고 키워 준다. 도는 만물을 낳지만 소유하려 하지 않고, 돌보지만 대가를 바라지 않고, 자라게 하면서도 지배하려 들지 않는다. 이것이 바로 심오한 덕이다.

도가 만물을 낳는다는 말은 도라는 범주(=그릇) 안에서 만물이 생겨난다는 말이다. 그리고 도의 구체적인 작용인 덕은 만물 속에 자리 잡고 만물의 본성으로 나타나니 "만물을 기른다."라고 한 것이다. 이렇게 만물은 각자의 본성에 따라 자라게 되면서 다른 사물과 구분할 수 있는 고유성과 개별성을 갖추는데, 이러한 고유성과 개별성이 각각의 모양새(=형태)를 만들고 각각의 형태는 서로 어우러져 주위 환경을 이룬다. 그래서 "만물은 도를 존중하고 덕을 귀중하게 여긴다."라고 한 것이다.

도는 이렇듯 사물을 낳고 기르면서도 소유하려 않고, 대가도 바라지 않으며, 지배하려고도 않는다. 그렇기에 심오하다고 말한다. 노자는 65장에서도 "현덕은 심오하고 멀며 세속의 방식과는 반대다."라고 말하면서 도가 지닌 심오한 덕을 깊고 넓고 순박한 것이라고 보았다. 소유하지 않으려 하고(不有), 대가를 바라지도 않으며(不恃), 주재하려고도 않는(不宰) 도의 속성을 잘 표현한 이야기가 있다.

형(荊)나라에 사는 어떤 사람이 활을 잃고는 전혀 찾으려 하지 않았다. 사람들이 이상히 여겨 그 까닭을 물으니 "형나라에서 잃었으니 형나라 사람 가운데 누군가가 줍겠지요. 어차피 같은 형나라 사람인데 굳이 찾으려 할 필요가 있을까요?" 이 이야기를 전해 들은 공자는 골똘히 생각하다가 아쉬운 투로 한마디 했다. "이 이야기 가운데 '형나라 사람'이라는 말만 없으면 참 좋은데……." 누군가 노자에게 이 이야기를 전하니 노자는 "공자의 말에 사람이라는 말만 없으면 좋을 텐데……."라고 아쉬워했다.

– 《여씨춘추(呂氏春秋)》

공자가 형나라 사람이라고 구별한 것에 아쉬움을 표했던 이유는 나라 간 구분과 경계를 둔 점을 지적한 것이다. 반면 노자는 한 걸음 더 나아가 사람 또한 자연에 따라 사는 존재이니 사람과 사물 간에 경계를 둔 공자의 언행을 아쉬워했다. 도는 불유(不有), 불시(不恃), 부재(不宰)한데 인간은 소유하고, 의지하고, 주재하려 들기 때문이다.

52장
작은 것을 바라고, 부드러운 것을 지키고

세상에는 시초가 있는데 그 시초가 천지 만물의 어머니다. 이미 그 어머니를 얻었으니 그 자식을 알 수 있다. 이미 그 자식을 알았으니 그 어머니를 지키는 데로 돌아간다면, 죽는 날까지 위태롭지 않을 것이다.

욕망의 구멍을 막고, 그 문을 잠그면 평생 피곤하지 않을 것이다. 욕망의 구멍을 열면 번거로움이 더해 평생토록 구제되지 못할 것이다. 작은 것을 잘 보는 것을 밝다고 하고, 부드러운 것을 잘 지키는 것을 강하다고 한다. 그 빛을 이용해 밝음으로 돌아간다면 몸에 재앙이 닥치는 일이 없을 것이다. 이것을 일컬어 도를 지키는 것이라 한다.

여기서 처음(始)과 어머니(母)는 이 세계의 존재 형식을 의미하는 도를 말한다. 그리고 자식(子)은 도의 작용에 의해 생겨난 구체적인 현상 세계, 즉 천지 만물을 말한다. 이렇게 구체적인 현상 세계인 천지 만물의 이치를 알았으니 다시 돌아가 도라는 존재 형식과의 관계나 그 작용을 깨닫는 것, 즉 "어머니를 지키는 데로 돌아간다면 평생 위태롭지 않게 된다."라고 노자는 말한다.

그런데 어머니 즉 도를 깨닫는 행위를 표현하는 말로 얻는다(得)와 지킨다(守)라는 동사를 쓰고 있는 점에 주목할 필요가 있다. 노자는 천지 만물(=현상적인 세계)을 의미하는 아들을 아는 행위에 대해서는 지(知)라는 동사를 사용한다. 여기서 지(知)는 사물을 분별하고 구분해서 얻는, 감각적 지식이나 이성적 논리적 지식이라고 볼 수 있다. 반면 득(得, 얻는다)이나 수(守, 지킨다)라고 하는 앎은 종합적인 지식이나 직관, 통찰 등을 의미한다고 할 수 있다.

네덜란드 출신의 근대 철학자인 스피노자의 표현을 빌자면 노자가 말하는 지(知)는 감각지(感覺知) 또는 이성지(理性知)에 해당하는 분별지(分別知)를 말하는 것이고, 득과 수는 직관지(直觀知)를 의미한다. 직관지란 직관으로 사물을 인식하고 옳고 그름을 판단하는 능력을 의미하지만 스피노자는 이것을 감성적 직관에 의한 지식이 아니라 전체를 직접 포착하는 예지적 직관에 의해 도달하는 지식, 즉 전체를 아우르는 진리에 대한 종합적인 인식이라고 보았다.

그러니까 도를 얻고 지킨다는 말은 사물을 분별하고 구조적으로 이해한다는 게 아니라 도의 본질과 그 작용에 대해 단번에 깨닫는다는 뜻이다. 존재 전체를 관통하고 아우르는 진리를 문득 깨닫고(得) 지속적으로 지킨다(守)는 말이다. 이 말은 불교 조계종의 종지(宗旨)인 돈오점수(頓悟漸修, 단번에 진리를 깨친 뒤 번뇌와 습기를 차차 소멸시켜 감)를 연상시킨다. 도를 깨닫는 것은 노자든 불가든 스피노자든 매한가지로 존재의 본질을 문득 깨닫는 것을 의미한다. 문제는 이를 지속적으로 지키는 태도나 자세인 것이다.

"작은 것을 잘 보는 것을 밝다고 한다(見小曰明)."에서 '작은 것'은 도의 작용은 항상 은밀하고 눈에 잘 보이는 것이 아니니 쉽게 보이지 않는 존재의 근본 또는 존재의 배후를 의미한다. 쉽게 알 수 없는 작은 것을 알아채는 것이 직관이니 노자는 지식의 차원으로 보면 가장 뛰어난 지식을 뜻하는 명(明)이라고 이름 붙인 것이다. 22장에서도 "스스로를 드러내지 않기에 오히려 밝다."라고 한 것과 비슷한 의미다. 이렇게 자연의 이치를 직관하는 앎에 이르는 것은 밝은 것(明)이기에 노자는 그것을 깨닫고 정진하는 것을 일러 "도를 지키는 것(襲常)"이라 말한다. 습상이라는 말은 이미 밝게 드러난 빛(光), 즉 외적인 앎을 자신의 내면을 돌아보는 앎인 밝음(明)으로 재조명하고 일상화하는 것을 말한다.

53장

지름길은 도적의 길

내게 약간의 지혜가 있어 대도를 걷고자 할 때 단지 잘못된 길로 들지 않을까 두려울 뿐이다. 대도는 평탄하건만 사람들은 지름길인 좁은 길을 좋아한다. 조정은 멀쩡하나 농촌은 황폐하고 창고는 비어 있다. 화려한 비단 옷을 입고 날카로운 칼을 차고 맛있는 음식을 배불리 먹고 재물은 남아돈다. 이러한 것을 일컬어 큰 도적이라고 한다. 이것을 어찌 도(道)라고 할 수 있겠는가?

"대도(大道)를 걷고자 할 때"에서 대도는 큰 길이라는 의미가 아니라 '인간으로서 마땅히 행해야 할 참된 도리'를 가리킨다. 큰 길이 평탄한(夷) 까닭은 그 길이 순리이기 때문이다. 하지만 사람들은 남을 앞지를 마음에 도리에 어긋난 길, 즉 역리(逆理)인 줄도 모르고 지름길만 찾으니 "좁은 길(徑)을 좋아한다."고 했다.

통치자의 역리는 힘으로 다스리는 패도와 폭정으로 이어진다. 대도를 외면하고 권력에 눈이 멀어 지름길을 고집하는 통치자들은 백성들의 어려운 살림살이는 아랑곳하지 않고 제 배 채우기에 급급하다. 무력을 앞세워 백성들에게 돌아가야 할 몫을 가로채고 사치와 허영을 일삼는다. 그야말로 도적들이며 도적 중에서도 큰 도적이다.

게다가 이런 큰 도적들일수록 화려한 구호를 앞세워 백성들의 마음까지도 훔친다. 함께 갈 수 있는 넓고 평탄한 길을 버리고 지름길이랍시고 좁은 길로 들어서는 독재자의 행로는 패망에 이르는 지름길일 뿐이다.

54장
잘 세운 것은 쉽게 뽑히지 않는다

잘 세운 것은 쉽게 뽑히지 않고 잘 보듬은 것은 벗어나지 않으니, 이러한 도를 자손이 잘 행하면 조상에 대한 제사가 끊이지 않을 것이다. 도로써 몸을 수양하면 그 덕은 참되고, 도로써 집안을 이끌면 덕이 넘쳐나고, 도로써 고을을 다스리면 그 덕이 오래가고, 도로써 나라를 다스리면 그 덕은 풍부해지고, 도로써 천하를 다스리면 그 덕은 골고루 넓게 퍼진다. 그러므로 몸을 몸으로 보고, 가정을 가정으로 보며, 마을을 마을로 보고, 나라를 나라로 보고, 천하는 천하로 본다. 내가 어떻게 천하가 그런 줄을 알겠는가? 이 때문이다.

잘 세우는 것(善建)은 몸과 마음가짐을 바르게 하는 것이며, 잘 보듬는 것(善抱)은 몸과 마음이 하나 되는 것이다. 가족 간에도 심신이 하나 되어 도덕을 행하면 가풍이 진작돼 가문이 번성한다. 그러니 "도로써 집안을 이끈다."라는 말은 심신이 하나 되어 도덕을 행하면 자손에게 본보기가 되어 그 가풍이 자손대대로 이어진다는 말이다. 또한 이러한 덕행이 고을에 미치면 그 덕이 오래가고, 나라로 번지면 그 덕은 풍부해지며, 천하를 다스리면 그 덕은 세상에 고루 퍼지게 된다. 한마디로 개인의 수양만이 아니라 가족, 고을, 나라 그리고 천하에 이르기까지 도로 이끌면 모든 것이 제자리를 잡고 오래도록 유지된다. 이런 내용을 얼핏 보면 유가의 주장과 다르지 않은 듯하다.

하지만 도가와 유가에서 내세우는 수양의 의미는 각기 다르다. 먼저 유가에서는 수양이 천도를 받들어 인도를 바로 세우는 것이라고 보는 반면, 도가에서의 수양은 인도와 천도의 경계를 허물어 자연과 온전히 하나 되고자 하는 것이다. 즉, 도가는 몸과 마음을 닦는 일이나 지혜를 구하는 일 모두에서 사람과 자연이라는 주객의 분리를 배제한다.

또한 유가의 수양은 나와 내 집, 내 집을 담은 고을, 그 고을로 이루어진 나라, 그리고 이 모두를 아우르는 천하로 나아가는 점층적인 확대 구조를 지닌다. 그래서 수신(修身), 제가(齊家), 치국(治國), 평천하(平天下)와 같은 표현이 나온 것이다. 하지만 도가의 수양은 이와 같이 구분해서 확대되는 구조를 지니지 않는다. 노자는 "몸을 몸으로 보고 가정을 가정으로 보며 마을을 마을로 보고 나라를 나라로 보고 천하는 천하로 본다."라고 말한다. 도란 곧 자연의 이치를 따르는 것인데, 거기에 사회적인 단계를 대응시켜야 할 의미가 없다고 본 것이다. 즉 개인이든 국가든 세계든 각자 자기 구조 안에서 무위로써 온전함을 지키면 그만이라는 생각인 셈이다.

55장
조화를 아니 밝다

덕을 두텁게 품은 사람은 갓난아이와 같다. 벌도 전갈도 독사도 물지 않고, 사나운 날짐승이나 맹수도 덮치지 않는다. 뼈는 약하고 근육은 부드럽지만 쥐는 힘은 강하다. 남녀의 교합에 대해서는 아직 모르지만 성기가 일어서는 것은 정기(精氣)가 지극하기 때문이다. 종일 울어도 목이 쉬지 않는 것은 조화가 지극하기 때문이다.

이런 조화를 변함이 없는 것이라 하고, 변함이 없음을 아는 것을 밝다고 한다. 삶에 대한 지나친 욕심을 (재앙을 부르는) 괴이함이라 하고, 마음의 기를 격하게 쓰는 것을 강하다고 한다. 만물이 지나치게 성장하려고 하면 곧 쇠퇴한다. 이것을 가리켜 도에 어긋나는 것이라 한다. 도가 아닌 것은 일찍 끝나 버린다.

노자는 갓난아기(赤子)를 도에 가장 가까운 존재로 보았다. 갓 태어나 온 몸에 붉은 기가 돌기에 적자(赤子)라고 불리는 갓난아기는 노자가 권하는 덕목인 무명(無名), 무욕(無欲), 무위(無爲), 소박(素樸), 유약(柔弱), 허(虛), 화(和) 등을 모두 지녔다. 이미 세상에 대한 관심과 소유욕으로 물들어 있는 성인(成人)으로서는 돌아가야 할 소박함과 회복해야 할 순수함을 지닌 존재다. 10장에서 "기를 모아 부드럽게 하여 어린아이와 같아질 수 있는가?"라고 말한 것도 이 같은 의미에서였다.

그러면 어떻게 해야 갓난아이와 같아질 수 있을까? "종일 울어도 목이 쉬지 않는 것은 조화가 지극하기 때문이다."라는 말처럼 자연은 물론 사람들과의 조화를 이루어 내는 것이 중요하다. 자연과 조화를 이루기에 온종일 울어도 변화가 없고(常), 이 사실을 깨달으니 밝은 것(明)이다. 반면에 조화할 줄 모르고 욕심을 앞세워 기를 격하게 쓰면 그저 어둠 속에서 헤맬 뿐이다. 다른 사람을 겨눈 칼끝만 보았지 남이 자신의 목덜미를 향해 겨눈 칼끝은 미처 보지 못한다. 욕심이 조화를 깨뜨린 탓이다. "만물이 지나치게 성장하려고 하면 곧 쇠퇴한다. 이것을 가리켜 도에 어긋나는 것이라 한다. 도가 아닌 것은 일찍 끝나 버린다."는 말은 그런 욕심에 대한 경고다. 갓난아이처럼 조화를 통해 얻을 수 있는 상도(常道)를 외면한다면 살판이 아닌 "공연히 죽는 곳으로 가는 사람 또한 열에 셋이다."라는 말처럼 되기가 십상이다.

56장
아는 자는 말하지 않는다

아는 자는 말하지 않고 말하는 자는 알지 못한다. 욕망의 구멍을 막고 욕망의 문을 닫고 그 날카로움은 접고 그 엉킨 것은 풀며 그 빛을 조화롭게 하고 그 티끌과 하나가 된다. 이것을 일러 현묘한 도라 한다.

그러므로 가까이하지도 멀리하지도 않으며 이익을 얻으려고도 손해를 끼치려고도 하지 않으며 존귀하게 되지도 비천하게 되지도 않는다. 그렇기에 세상에서 가장 귀하게 되는 것이다.

"아는 자는 말하지 않고 말하는 자는 알지 못한다."라는 첫 구절을 대하니 문득 23장의 "자연은 말없이 대한다."라는 대목이 떠오른다. 두 문장을 연결하면 말없이 대하는 자연의 도를 아는 사람은 구태여 이런저런 말로써 자신을 드러내려 하지 않는다는 뜻이다. 자신의 생각을 강변하다 보면 설화(舌禍, 타인에 대한 중상이나 비방 따위로 받는 재난)가 따르기 마련이다. 불가에서도 말로 저지르는 잘못을 구업(口業, 말을 잘못하여 짓는 업)이라 하여 경계한다. 입단속을 권하는 작자 미상의 시조 한 수 감상하자.

남의 말을 말 것이

남의 말 내 하면 남도 내 말 하는 것이

말로써 말 많으니 말 말을까 하노라

  자신의 생각을 나타내는 데 말은 필수 수단이기는 하나, 때로는 수단이 흉기가 되어 서로에게 상처를 입히기도 한다. 그렇기 때문에 도리를 아는 사람은 말을 아끼는 법이며, 정도 이상의 말을 하는 사람은 도리를 어겨 스스로 위태로움에 처하게 된다.

  "욕망의 구멍을 막고, 욕망의 문을 닫으라."라는 말 또한 52장에 나오는 말의 또 다른 반복이다. 그만큼 강조의 뜻이 강하게 담겨 있다고 볼 수 있다. 바람직한 인격을 지닌 사람, 즉 "현묘한 도(玄同)"를 깨달은 사람은 날카로움을 접고(挫銳), 엉킨 것은 풀며(解分), 빛을 조화롭게(和光) 하고, 티끌과도 하나처럼 섞인다(同塵). 여기서 티끌은 세속의 삶을 말하는 것으로 세상 사람들과 부대끼며 어우러지는 것을 말한다.

  이렇게 자기를 뚜렷이 내세우거나 자기 뜻을 강하게 주장하지 않으며 사물과 하나로 어우러져 현묘해지니, 이를 깨달은 사람은 어떤 일에서도 일부러 가까이하거나 멀리하지 않고, 손익을 다투지 않으며, 자신을 높이거나 낮추려 하지 않는다. 친소(親疏)와 손익(損益), 귀천(貴賤)은 모두 상대적인 개념으로 구분하고 차별하는 태도를 가질 때 쓰는 말이다. 도를 깨달은 사람은 이런 인위적인 구분을 하지 않으며 자연의 세계에서는 그것이 상대적일 뿐만 아니라 언제든 상대방으로 바뀔 수 있는 개념이라는 것을 잘 알고 있다. 그래서 "도를 아는 사람, 즉 성인은 오직 무위와 말 없는 가르침으로 행한다."라는 말처럼 불언(不言)하고 무위(無爲)하니 세상에서 가장 귀한 존재가 된다.

57장
규제가 늘면 도덕도 는다

나라는 바르게 다스려야 하고, 병사는 교묘하게 다뤄야 하고, 천하는 억지로 일을 도모하지 않아야 얻을 수 있다. 내가 그것을 어떻게 알겠는가? 다음과 같은 것에 의해서다.

세상에 규제가 많을수록 백성은 더욱 가난해지고, 백성에게 날카로운 도구가 많을수록 나라는 더욱 혼란에 빠지며, 사람들이 기교를 부리면 부릴수록 사악한 일이 연속해 일어나고, 법령이 선포되면 될수록 도둑이 더욱 들끓는다.

그러므로 성인이 말했다. 내가 무위하면 백성은 스스로 감화되고, 내가 고요히 있는 것을 좋아하면 백성이 스스로 바르게 되며, 내가 일부러 행하지 않으면 백성은 저절로 부유해지고, 내가 욕심을 내지 않으면 백성은 스스로 다듬지 않은 통나무처럼 순박하게 된다.

노자의 정치에 관한 견해를 밝힌 글이다. 공자가 천도에 따른 인도를 주로 논했다면, 노자는 모든 결론을 천도, 즉 자연에 귀착시켰다. 정치에 관해서도 그러하다. 하지만 노자 사상을 이어받은 장자는 정치로부터 스스로 멀리 있었다. 지인이 찾아와 정치에 관한 견해를 묻자 장자는 "너는 어찌 제도와 법령으로 세상을 다스리는 것을 들어 내 마음을 움직이려 하는가?"라며 물리치기까지 했다.

"나라는 바르게 다스려야 한다."라는 견해는 공자가 "다스림이란 바른 것을 말한다."(《논어》〈안연(顔淵)〉)라고 한 말과 비슷한 맥락이다. 하지만 바름(正)의 의미를 두 사람은 달리 해석한다. 正은 一과 止가 합쳐진 글자다. 여기서 一, 즉 하나는 두 사람 모두 도(道)로 본 듯하다. 止는 '그치다'라는 의미다. '무엇을 그쳐야 할 것인가'에서 두 사람의 생각이 갈린다. 공자는 정치가 갖춰야 할 격식으로 예(禮)를 중시했다. 따라서 공자가 그쳐야 할 것으로 지목한 것은 마땅히 비례(非禮) 또는 무례(無禮)일 것이다. 공자는 예에서 벗어나는 일은 조금도 허용하지 않았다. 오죽하면 "예가 아닌 것은 보지도 말고 듣지도 말고 말하지도 말고 행하지도 말라."라고 했을까.

이에 비해 노자는 그쳐야 할 것으로 '인위'를 지적한다. 본문에서도 "억지로 일을 도모하지 않아야 천하를 얻을 수 있다.", "내가 무위하면 백성이 스스로 감화된다."라고 하면서 그쳐야 할 것이 바로 인위라는 점을 분명하게 밝혔다. 규제, 이기(利器), 기교, 법령 등이 공자에게는 세상을 바르게 하는 예의 도구로 받아들일 수 있을지 모른다. 그러나 노자에게는 단지 백성을 가난하게 만들고 나라를 혼란에 빠트리며 사악한 일을 연이어 일어나게 하는 데다가 도둑마저 들끓게 하는 불필요한 격식이나 도구였을 뿐이다. 위정자가 세상을 자신의 의도대로 바꿔 보겠다는 욕심을 버릴 때 백성 또한 다듬기 전의 통나무와 같은 자연의 순수함을 회복하게 된다는 말이다.

58장
화 곁에 복이 있다

정치가 어수룩하면 백성이 순박해지고 정치가 빈틈없이 이루어지면 백성은 교활해진다. 화(禍) 곁에는 복(福)이 기대어 서 있고 복 속에는 화가 숨어 있다. 누가 그 끝을 알겠는가? 올바름의 기준은 없다. 바른 것이 다시 기괴한 것이 되고 좋은 것이 다시 사악한 것이 된다. 그런 까닭에 사람들의 미혹됨이 이미 오래되었다. 그러므로 성인은 반듯하나 사람을 가르지 않고, 날카로우나 남을 상하게 하지 않으며, 솔직하나 멋대로 굴지 않고, 빛이 나나 눈부시지 않다.

"정치가 어수룩하다(其政悶悶)."라는 문장에서 민민(悶悶)은 20장에서는 "어눌하다(我獨悶悶)."라고 번역된 바 있다. 앞에서는 지식을 뽐내는 사람들의 태도에 빗댄 표현이어서 '어눌하다'로 번역했으나 여기서는 정치가 규제를 하는지 다스리는지 구분되지 않을 정도로 느슨하게 이루어지는 것을 의미하기에 '어수룩하다'라고 옮겼다. "빈틈없이 이루어진다"고 번역한 찰찰(察察) 또한 앞에서는 "똑똑하다(俗人察察)"라고 했으나, 여기서는 정치가 법제나 규제를 통해 빈틈없이 감독하는 것을 말한다. 위정자들이 세를 키울 욕심에 규제와 제도, 기교, 법령을 늘릴수록 백성은 더욱 위축되다 못해 패악스러워지거나 교활해진다.

언뜻 보면 어수룩하게 다스리는 것보다 꼼꼼하고 빈틈없이 다스리는 것이 좋은 정치처럼 보인다. 하지만 노자의 입장은 그와 다르다. 노자는 화와 복을 예로 들어 자신의 입장을 밝힌다. 화를 피하고 복을 구하는 일이 당연하게도 좋은 것 같지만 노자는 그것이 하나의 현상을 드러내는 상대적 대립항이자 서로 상대로 변화되는 것임을 알라고 경고한다. 어느 일면에 치우치면 사물의 한 측면만을 보는 단견이기 십상이라는 것이다. 그러니 "화 곁에는 복이 기대어 서 있

고 복 속에는 화가 숨어 있다."라고 말한다. 《회남자(淮南子)》에 나오
는 새옹지마(塞翁之馬)인 셈이다.

법가 사상가인 한비자는 노자 사상을 해석하는 데도 탁월했다. 이
대목에 대한 그의 풀이를 보자.

"사람에게 화가 닥치면 마음에 두려움이 생기게 된다. 마음에 두
려움이 생기면 행동이 바르고 단정하게 된다. 행동이 바르고 단정
하게 되면 생각을 심사숙고하게 된다. 심사숙고하면 사물의 바른
이치를 깨닫게 된다. 행동이 바르고 단정하게 되면 화가 사라진다.
화가 사라지면 하늘이 정한 수명을 온전히 누리게 된다. 하늘이 정
한 수명을 온전히 누리게 되면 행동이 완전하며 장수하게 된다. 사
물의 바른 이치를 깨닫게 되면 반드시 성공하게 된다. 성공하면 부
와 명예를 얻게 된다. 장수와 부와 명예란 전부 복을 가리켜 하는
말이다. 그런데 이 복은 본래 화에서 시작되었다. 그러므로 '화여,
복은 그대 안에 숨어 있다.'라고 하는 것이다. 화로 인해 성공을 거
두게 되었기 때문이다.

사람이 복을 받으면 부와 명예도 따르게 된다. 부와 명예가 따르
면 의식주 생활이 좋아지고, 의식주 생활이 좋아지면 교만한 마음
이 생긴다. 교만한 마음이 생기면 사악한 일을 행하며 바른 이치를
버리게 된다. 사악한 일을 행하면 요절해 죽을 위험이 생긴다. 바

른 이치를 버리면 성공할 수 없다. 무릇 안으로는 요절할 위험이 도사리고 있고 밖으로는 성공할 기미가 보이지 않는 것을 큰 화라고 한다. 그러나 이 화는 본래 복에서부터 시작되었다. 그러므로 '복이여, 화는 그대 안에 숨어 있다.'라고 하는 것이다."

– 《한비자》 〈해로(解老)〉

눈앞에 닥친 현실만을 보고서 화이거니 복이거니 단정 짓는 어리석음을 깨우쳐 주는 내용이다. 시련에 굴하지 않고 성공에 안주하지 않는 의연함은 화가 복이 되거나 복이 화가 될 수도 있다는 사실을 깨달아야 지닐 수 있는 태도다.

바른 것과 기괴한 것, 선함과 사악함도 정해진 기준이 없다는 말 또한 화복과 마찬가지로 이해하면 된다. 그런데도 사람들은 인위적인 기준에 오래전부터 미혹되어 어느 단면에만 일희일비하는 경향이 있다. 그러니 모든 대립되는 요소들이 서로 이어지고 변화하는 상대적인 것임을 아는 성인만이 차별하지 않고 해를 끼치지 않으며 진솔해 은은히 겸손의 빛을 발할 뿐이다.

59장

아껴야 오래간다

사람을 다스리고 하늘을 섬기는(治人事天) 데 오직 아끼는 것 (嗇)만이 가장 좋은 방법이다. 아낀다는 것은 일찍이 따르는 것이며, 일찍이 따르는 것은 덕을 쌓는 일이다. 꾸준히 덕을 많이 쌓으면 무엇이든 이기지 못할 것이 없고, 무엇이든 이기게 되면 아무도 그 힘의 끝을 알지 못하게 되며, 나라를 가질 수 있다. 나라의 근본을 갖게 되면 오랫동안 유지할 수 있다. 이것이 바로 뿌리가 깊고 튼튼해져 오래 사는 이치(道)다.

이 장을 제대로 이해하려면 색(嗇)이 뜻하는 바를 잘 알아야 한다. 색은 우리말로 옮기면 '아낀다'는 뜻이다. 우리말 '아낀다'에는 '사랑한다'는 뜻과 '절약한다'는 의미가 함께 들어 있는데, 노자는 바로 이런 의미로 이 단어를 사용했다. 여기서 '절약한다'는 의미는 단순히 사치를 줄이는 경제적인 개념이 아니라 어떤 것에든 지나치게 집착하지 않는 절제를 뜻한다. 다음으로 치인사천(治人事天)을 "사람을 다스리고 하늘을 섬긴다."라고 해석했는데, 노자에게 천(天)은 곧 자연을 말한다. 그러니 사람을 다스리고 하늘을 섬기는 일이란 곧 사람과 자연을 아끼는 일과 같은 의미다. "일찍이 따른다(早服)."라는 구절에서 복(服)은 복종과 준비 두 가지의 의미가 있는데, 여기서는 복종, 즉 '따르다'로 해석했다. 이를 적용해 뜻을 다시 한 번 새겨 보면, 사람과 자연을 가장 바르게 대하는 태도는 '아끼는 것'이며 '아끼는 것'은 '일찍부터 도를 따르는 것'에 다름 아니다. 그리고 '도를 따르면' 덕을 쌓는 일로 이어진다. 사람과 자연을 사랑하고 아끼는 일이 곧 덕을 쌓는 일인 것이다.

이어서 노자는 이렇게 덕을 쌓게 되면 무엇이든 극복할 수 있으니, 나라는 물론 나라를 이끄는 근본 즉, 통치의 이치마저 가질 수 있다고 말한다. 결국 아끼면 덕이 쌓이고, 덕이 쌓이면 도에 머물게 되며, 도에 머무르게 되니 그런 삶은 장구(長久)하다는 뜻이다. 콘크리트 빌딩 숲 속에서 사랑도 절제도 없이 살아가는 현대인들이 깊이 새겨야 할 말이다. 사람이든 자연이든 사랑으로 대하고 아낄 때 서로 조화를 이루며 장구함을 이어가게 된다는 노자의 말은 사람과 자연을 아끼고 사랑하자는 권면의 메시지이다.

60장
정치는 작은 물고기 조리하듯

큰 나라를 다스리려면 작은 생선을 불에 굽듯이 해야 한다. 도로써 세상을 다스리면 귀신조차도 신령한 힘을 발휘하지 못한다. 귀신이 신령한 힘을 발휘하지 못할 뿐만 아니라 신령도 사람을 상하게 못한다. 신령이 사람을 상하게 못할 뿐만 아니라 성인 또한 사람을 상하게 못한다. 양쪽이 서로를 해치지 않는 까닭에 그 덕이 백성에게 돌아간다.

이 장은 58장과 내용 면에서 서로 통한다. 작은 생선을 굽듯이 큰 나라를 다스리라는 말은 조심스러우면서도 자연스럽게 다스리라는 말이다. 꼼꼼하고 자세(察察)하게 법으로 규제하지 말고 어수룩(悶悶)하게, 자연스럽게 다스리라는 말이다. 자신의 생각대로 바꿔 보겠노라고 거침없이 달려들면 작은 생선을 급히 뒤집다가 바스러뜨리는 것처럼 나라를 망칠 수도 있다는 경고인 셈이다. 명나라 때 《도덕경》에 대한 주석 가운데 뛰어난 것만 모아 놓은 《노자익(老子翼)》에 담긴 한비자의 해석으로 들어가 보자.

"작은 물고기를 조리하면서 자꾸 뒤적거리면 실패한다. 그러므로 큰 나라를 다스리는 일을 물고기 조리하듯이 하라는 것이다."

"도로써 세상을 다스린다."에서 도는 무위의 도를 말한다. 생선을 자꾸 뒤적거리지 않듯이 무위로써 세상을 다스리면 시시콜콜 인간사에 간섭하려 드는 귀신조차도 신통력을 발휘하지 못한다. 통치자와 백성이 무위로써 만나니 귀신이 끼어들 틈이 없다는 말이다. 노자는 귀신(鬼)과 신령(神)을 구분했는데, 귀신은 사람의 일상적인 길흉화복에 관여하는 영적인 존재를, 신령은 자연에 있는 혼령이나 세상사를 주관하는 주재자라는 의미가 담긴 영적 존재를 뜻한다.

이어서 노자는 무위의 도로 다스리게 된다면 인간의 삶에 관여하는 그 어떤 존재도, 즉 귀신이든 신령이든 성인이든 그 누구도 서로를 해치지 않게 되니 덕이 넘쳐나고 결국 백성들은 편안해진다고 말한다. 마하트마 간디는 해를 입히지 않음, 즉 무상해(無傷害, Ahimsa)를 주장하며 이렇게 말했다.

"아힘사는 포괄적인 원리다. 우리는 힘사(himsa, 傷害)의 불길 속에 갇힌 무력한 인간들이다. 생명으로 산다는 말 속에는 깊은 뜻이 담겨 있다. 사람은 의식적으로든 무의식적으로든 살생을 범하지 않고는 한순간도 살 수 없다. 사람이 산다는 그 사실, 즉 먹고 마시고 움직이고 하는 것이 비록 작을지는 몰라도 필연적으로 어떠한

힘사를 의미하게 된다. 그러므로 아힘사 신자는 그의 모든 행복의 원천이 자비심에 있기만 하면, 있는 힘을 다해 지극히 작은 생명이라도 죽이지 않고 구해 주려고 애써야 한다. 그리하여 끊임없이 그 무서운 힘사의 소용돌이에서 벗어나려 노력하기만 하면 그는 변함없이 신앙에 충실할 것이다."

— 《간디 자서전》

간디는 같은 책에서 "사람은 자아의 욕망을 자제할 수 있기 때문에 사람이고, 자제를 하는 한에서만 사람이다."라는 말을 덧붙였다. 자제라는 말은 여러 의미로 해석되나 넓은 의미에서 '어떤 의도로써 끼어들지 않는', 즉 '인위의 개입을 삼가는' 또는 '무위를 견지하는' 행위로 보아도 무방할 것이다. 그렇다면 작은 생선을 조리하듯이 조심하며 자연스럽게 하는 일이 바로 아힘사라고 할 수 있으니, 아힘사는 곧 무위의 도를 의미하는 말로 이해할 수 있다. 천여 년이 넘는 세월의 격차가 있음에도 노자나 간디의 생각이 일치한다는 것은 바로 비폭력과 상생의 원칙을 근본으로 삼았기 때문일 것으로 짐작된다.

61장
겸손함으로 얻는다

큰 나라는 강의 하류와 같아 세상을 품는 암컷이며 천하가 교
차하며 모이는 곳이다. 암컷은 항상 고요함으로 수컷을 이기
는데, 이기고도 고요함으로써 자신을 낮춘다. 그러므로 큰 나라가 작
은 나라에 대해 겸허하게 낮은 자세를 취하면 작은 나라를 얻게 되고
작은 나라가 겸허하게 큰 나라에게 낮은 자세를 취하면 큰 나라로부
터 여러 가지를 얻게 될 것이다. 그러므로 어떤 것(=큰 나라)은 낮춤으
로써 다른 것(=작은 나라)을 얻고 어떤 것(=작은 나라)은 낮춤으로 다른
것(=큰 나라)에게서 얻어 낸다. 그런데 큰 나라는 작은 나라의 백성들
을 끌어모아 기르려 할 뿐이고, 작은 나라는 큰 나라에 들어가 그들
을 섬기며 보호받고자 할 뿐이다. 만약 양쪽이 각기 바라는 대로 얻
고 싶다면 큰 쪽이 낮추어야 한다.

암컷과 물은 낮은 곳을 지향하며 모두를 포용한다. 게다가 고요함
으로 수컷을 이긴다. 이를 뒤집어 보면 수컷은 높은 곳을 지향하며
자신을 내세우려 한다. 게다가 큰소리로 자신의 존재를 드러낸다.
암컷에 비하면 수컷의 행동은 싸움을 불러올 뿐이다. 노자의 이러한
견해 속에는 춘추 시대에 강대국이든 약소국이든 서로 어우러져 패

권 다툼을 벌이던 시대상이 담겨 있다. 노자는 겸허(謙虛)와 처하(處下)의 자세를 취해야 패권 다툼의 소용돌이 속에서 약소국은 자기 나라를 유지할 수 있고 강대국은 자연스럽게 발전할 수 있다는 주장을 내세운다. 힘의 논리를 내세운 외교가 아니라 상호 인정과 겸하(謙下, 겸손과 낮춤)의 외교가 중요하다는 말이다.

비록 한참 뒤이기는 하나 유가의 맹자도 이와 같은 겸하의 경세론(經世論, 세상을 다스리는 이론)을 보다 구체적으로 언급한 바 있다.

제나라의 선왕(宣王)이 "이웃나라와 외교를 할 때 어떤 도리가 있습니까?"라고 묻자 맹자가 말했다.

"오직 어진 이만이 대국의 지위로서 소국을 섬길 수 있습니다. 그러므로 상나라 탕왕이 갈나라를 섬겼으며, 주나라 문왕이 혼이(混夷)를 섬겼습니다. 오직 지혜로운 자만이 소국의 지위로서 대국을 섬길 수 있습니다. 그러므로 주 태왕(太王)이 훈족(獯族)을 섬겼으며 월나라 구천이 오나라를 섬길 수 있었습니다. 대국의 지위로서 소국을 섬기는 자는 하늘의 명을 듣기 기뻐하는 사람입니다. 소국의 지위에서 대국을 섬기는 자는 하늘의 뜻을 경외하는 자입니다. 하늘의 명을 듣기 기뻐하는 자는 천하를 평정할 수 있으며 하늘의 뜻을 경외하는 자는 자신의 국가를 보전할 수 있습니다."

– 《맹자(孟子)》 〈양혜왕하(梁惠王下)〉

상나라 탕왕이나 주나라 문왕은 모두 제후였지만 폭군을 물리치고 새로운 왕조를 열어 중국에서는 성군으로 받들어지는 왕들이다. 주 태왕은 주나라의 시조인 고공단보로 서쪽 지역의 오랑캐인 훈족에게 고개를 숙여 조공을 바친 일이 있었다. 월나라 구천은 와신상담의 주인공 중 한 명으로 오나라 왕 부차에게 패배해 신하를 자처한 일이 있었다.

맹자의 말처럼 "대국으로서 소국을 섬기는 일은 하늘의 명을 듣는 일이고, 소국으로서 대국을 섬기는 일은 하늘의 뜻을 두려움으로 받드는 일"이다. 대국이건 소국이건 겸하로써 대해야 평화를 지키고 스스로를 보존하게 된다. 노자 또한 이런 입장에 서서 겸하의 자세를 강조한 것이다. 그래도 세를 다투고 기운을 겨룰 일이 있다면 마땅히 대국이 양보하는 것이 도리라고 노자는 결론지어 말한다.

62장
도는 만물을 보살핀다

도는 만물을 보살펴 준다. 착한 사람에게는 보물이고 착하지 않은 사람조차도 지니고 있는 것이다. 아름다운 말은 시장에 모인 사람들도 알아들을 수 있고 기품 있는 행동은 사람들을 끌어모을 수 있으니 착하지 않은 사람이라도 어찌 버리겠는가? 그러므로 천자(天子)가 서고 삼공(三公)이 임명되었을 때 비록 먼저 아름다운 구슬과 말 네 필이 끄는 마차를 차례로 바치는 예의를 갖추어 대하는 것이 우선이겠지만 이는 가만히 앉아 도를 들려주는 것만 못하다. 옛날부터 이 도를 귀하게 여긴 이유는 무엇인가? 그것은 도에 의해 구하면 얻어지고 죄가 있더라도 죄를 면하게 만들기 때문이다. 그러므로 세상에서 가장 존귀한 것이다.

"도는 만물을 보살펴 준다. 착한 사람에게는 보물이고 착하지 않은 사람조차도 지니고 있는 것이다."라는 말은 도가 곧 모든 존재의 근거이자 규범임을 다시 한 번 밝힌 것이다. 도는 만물에 깃들어 만물을 돌볼 뿐 아니라 착한 사람은 물론 착하지 않은 사람에게도 두루 존재한다. 그러니 도는 모든 존재의 주체성이자 모든 존재의 규범성이다. 34장의 "큰 도는 넓어서 사방에 미치지 않는 곳이 없다. 만물의 근원이요 의지처이나 그렇다고 말하지 않는다. 세상 만물을 낳는 공을 세우고도 이름을 내세우지 않는다."라는 구절과도 비슷한 의미다.

천자(天子)와 삼공(三公, 주나라 때의 최고 벼슬로 태사, 태부, 태보를 일컫는 말)이 나라의 질서를 세우게 되면 제후들이나 신하들은 구슬과 마차를 바쳐 그것을 축하하는 예를 행한다. 그러나 예를 갖추는 것보다

도 조용하게 도를 알려 주는 것이 보다 중요하다고 노자는 말한다. 지배자가 되어 누리는 영화도 노자가 보기에는 한낱 티끌과 같은 것이다. 그러니 욕심을 부려 죄를 짓거나 더 누리려고 힘을 쓰는 것보다도 도에 따라 무위와 겸하의 자세로 임하면 죄를 면할 뿐 아니라 얻고자 하는 바도 저절로 구해지는 법이다. 그래서 노자는 세상에서 도가 가장 존귀한 것이라고 말한 것이다.

63장
작다 여겨 큰 것을 이룬다

욕심 없이 자연스럽게 행동하고 드러나지 않게 일하며 꾸미지 않는 맛을 낸다. 작은 것을 크게, 적은 것을 많게 여기고 원한은 덕으로 갚으라. 어려운 일은 아직 쉬울 때 처리하고 큰일은 아직 작은 일일 때 해결하라. 세상의 어려운 일은 반드시 쉬운 데에서 시작되고, 세상의 큰일은 작은 데에서 시작된다. 그러하니 성인은 자신을 크다고 여기지 않기 때문에 능히 큰 것을 이루어 내는 것이다. 대체로 쉽게 허락하는 것은 반드시 믿음이 적고, 쉽게 생각하는 일은 반드시 어려운 경우를 당하게 된다. 그런 까닭에 성인은 쉬운 일을 어렵게 여긴다. 그러므로 마침내 어려운 일이 없는 것이다.

"욕심 없이 자연스럽게 행동하고 드러나지 않게 일하며 꾸미지 않는 맛을 낸다(爲無爲 事無事 味無味)."라는 구절은 지금까지 일관되게 접해 온 노자의 견해이기에 이해하기 어렵지 않다. 무위(無爲), 무사(無事), 무미(無味)는 욕심이 제거된 상태이며 자연의 이치에 따르는 태도다.

"작은 것을 크게, 적은 것을 많게 여긴다."라는 구절도 노자가 거듭 표현하던 방식으로 이해하면 좋을 것이다. 대소와 다소는 유무나 선악, 고저 등과 마찬가지로 만물이 지니는 대립항이다. 그러니 일면적인 사고를 하지 말고 양면을 모두 고려해 사고하는 자세를 가지라는 말로 이해하면 될 것이다. 이어지는 "어려운 일은 아직 쉬울 때 처리하고 큰일은 아직 작은 일일 때 해결하라. 세상의 어려운 일은 반드시 쉬운 데에서 시작되고, 세상의 큰일은 작은 데에서 시작된다."라는 구절도 이런 사고를 반영하는 표현이다. 작다고 경시하지도 말고 크다고 자만하지도 말라는 것이다. 그러니 "성인은 자신을 크다고 여기지 않기 때문에 능히 큰 것을 이루어 내는 것이다." 큰일, 즉 세상의 평안을 이루려면 이처럼 욕심을 버리고 무위, 무사, 무미 함으로써 자연의 순리에 따라야 하며 매사에 사물이나 사고가 지닌 양면성을 고려해 단정 짓지 말고 진중하게 처리하라는 것이다.

64장
무위로써 행하라

편안할 때 유지하기가 쉽고 조짐이 나타나기 전에는 계획하기가 쉽다. 연약할 때 끊는 것이 쉽고 미세할 때 흩트리기가 쉽다. 그러니 아직 아무 일도 없을 때 처리하고 어지러워지기 전에 다스려야 한다.

아름드리나무도 터럭만 한 작은 씨앗에서 시작되고, 구층 높은 누각도 한 줌의 흙을 쌓아 올린 것이며, 천 리 길도 한 걸음부터 시작된다. 인위적으로 행하는 자는 실패할 것이고, 억지로 붙들려는 자는 놓치게 된다. 그런 까닭에 성인은 무위로써 행하기에 실패하지 않고 집착하지 않기에 잃어버릴 것도 없다.

사람들이 하는 일은 항상 거의 이루어질 무렵 실패한다. 시작할 때처럼 끝맺음도 신중히 하면 실패하는 일이 없을 것이다. 그런 까닭에 성인은 욕심이 없고 얻기 어려운 재화를 소중히 여기지 않으며, 세상 사람들이 배우지 않는 것을 배워 대중의 잘못을 구제하고, 자연 만물을 도울 뿐 간여하지 않는다.

내용상 앞의 63장과 연결된다. "어려운 일은 아직 쉬울 때 처리하고 큰일은 아직 작은 일일 때 해결하라."라는 말이 여기에서는 "편안할 때 유지하기가 쉽고 조짐이 나타나기 전에는 계획하기가 쉽다."로 이어지고 있기 때문이다. 또한 앞 장의 마지막 구절인 "성인은 쉬운 일을 어렵게 여긴다. 그러므로 마침내 어려운 일이 없는 것이다."라는 말이 이 장에서는 "시작할 때처럼 끝맺음도 신중히 하면 실패하는 일이 없을 것이다."로 부연된다.

잠언(箴言, 가르쳐서 훈계하는 말)이나 게송(偈頌, 부처의 공덕이나 가르침을 찬탄하는 노래)처럼 함축적으로 표현되던 노자의 표현 방식이 이 장에서는 훈계조처럼 보인다. 이는 아마도 실행이 가장 어려운 일에 대한 완곡한 경계의 뜻을 나타내려 했기 때문일 것이다.

역사적으로 앞서 살아간 선인들의 발자취를 보면, 후생이 그대로 따라 걸어도 될 만큼 시종여일(始終如一, 시작과 끝이 한결같음)한 사람은 드물다. 중간중간 어지러운 행보를 남긴 사람이 대다수다. 이는 집착 때문이다. 난세에 뜻을 세우거나 몸을 일으켜 명예를 얻어 성웅(聖雄)이라 불리는 이들도 감춰졌던 치부가 드러나면서 격하되는 일이 흔한데, 이는 성공을 인위로 도모하고 억지로 붙들려 했기 때문이다. 욕심은 멈춰 서지 않는다. 목표한 바에 거의 도달할 무렵, 더 이루고 싶은 욕심이 스멀거리며 피어오른다. 그래서 "거의 이루어질 무렵 실패하게 되는 것"이다.

이에 대한 노자의 답은 "무위로써 행하기에 실패하지 않고, 집착하지 않기에 잃어버릴 것도 없다."이다. 집착 가운데서도 가장 떨치

기 어려운 것으로 노자는 재물과 학문을 지목했다. 3장에서 "얻기 힘든 재화를 귀히 여기지 말아야 백성들이 재물을 훔치지 않는다."라고 한 바 있으며, 48장에서는 "학문을 하면 지식이 나날이 늘어나고, 도를 행하면 지식이 날마다 줄어든다."라고 했다. 노자에게 인간 세상의 재물과 학문은 헛된 것에 매달리는 망상일 뿐이다. 집착할수록 허상은 더욱 자라나 순수한 마음을 가리고 도에서 멀어지게 한다. 그래서 노자는 재물과 학문에 대한 집착을 버리고 자연의 이치에 순응(無爲自然)하라고 한 것이다.

65장
지혜로운 정치는 해가 될 뿐

옛날에 도를 잘 행하는 사람은 백성들을 총명하게 만들려고 하지 않고 어수룩하게 만들려고 했다. 백성들을 다스리기 어려운 것은 그들에게 지혜가 많았기 때문이다. 그러므로 지혜로써 나라를 다스리면 나라에 해가 될 것이고, 지혜로써 나라를 다스리지 않는다면 나라에 복이 있을 것이다. 이 두 가지는 늘 법칙임을 알아야 한다.

그래서 이것을 현덕이라 하는데, 현덕은 심오하고 멀며 세속의 방식과는 반대다. 현덕을 깨닫게 된 다음에야 크나큰 자연의 순리에 따르게 된다.

　"옛날에 도를 잘 행하는 사람은 백성들을 총명하게 만들려고 하지 않고 어수룩하게 만들려고 했다."라는 구절을 들어 혹자는 노자가 우민화(愚民化) 정책을 지지한 것처럼 말하나, 이는 노자의 사상을 제대로 들여다보지 못한 것이다. 여기서 노자가 말하는 총명함(明)은 똑똑함이라는 말과 가까운 뜻이다. 말하자면 인간 사회가 만들어 낸 체계나 지식에 남보다 빠르게 반응하는 능력인 것이다. 반면에 노자가 총명함의 반대로 제시하는 우(愚)는 단순하게 어리석다는 의미라기보다는 인식 체계나 분별이 아직 불분명한 상태인 '어수룩함'을 뜻한다. 그래서 노자는 20장에서 총명함을 소소(昭昭)와 찰찰(察察)로, 어수룩함을 혼혼(昏昏)과 민민(悶悶)으로 말한 적이 있다. "사람들은 모두 똑똑한데 나만 홀로 흐릿하다. 사람들은 모두 사리에 밝은데 나만 홀로 어눌하다."라는 구절이 그것이다. 혼혼과 민민으로 표현되는 어수룩함은 흐릿하고 어눌한 상태이니 도에 가깝다. 따라서 이 장에서 말하려는 어수룩함은 도에 가까운 상태를 이르는 말이지 백성을 어리석게 만드는 우민화와는 아무런 연관이 없다.

　《한비자》〈심도(心度)〉 편에 보면 "옛사람은 덕을 구하는 데 힘썼으며, 그 후의 사람들은 지혜를 추구했고, 지금은 세력을 얻기 위해 다툰다."는 말이 나온다. 이를 보면 노자가 "지혜가 많은 백성들은 다스리기가 어렵다."라는 말을 왜 했는지 짐작이 가고도 남는다. "지금은 세력을 얻기 위해 다툰다."라는 견해는 현대에도 유효하다. 현대 사회는 경제력, 정치력, 외교력, 국방력, 학력 등등 모든 분야를 능력으로 나타내는데, 이 능력은 바로 세력을 다투는 힘이다. 그러니 지혜가 필요하지 않을 수 없다. 결국 지혜는 이런 능력을 최대로 끌어올리는 것이니 화력에 끼얹는 기름과 같다. 지혜가 왜 나라의 화와 복을 가른다고 하는지 이로써 자명하다. 노자는 이 자명함을 계식(稽式), 즉 너무나도 당연하게 알 수 있는 법칙이라 말한다. 깊고 신비로운 덕인 현덕(玄德)은 이러한 계식을 알고 무위를 행함으로써 갖출 수 있다. 그래서 51장에서는 현덕을 "만물을 낳지만 소유하려 하지 않고, 돌보지만 대가를 바라지 않고, 자라게 하면서도 지배하려 들지 않는다."라고 한 것이다.

66장
왕좌는 낮은 자리

 강과 바다가 온갖 계곡의 왕이 될 수 있는 까닭은 가장 낮은 곳에 있기 때문이다. 그러므로 모든 계곡의 왕이 되는 것이다. 그런 까닭에 백성 위에 있기를 바란다면 반드시 말로써 자신을 낮춰야 하고, 백성들 앞에 서고 싶으면 반드시 자신을 뒤로해야 한다. 이로써 성인은 위에 있어도 백성들이 부담스러워하지 않고, 앞에 있어도 백성들이 방해된다고 여기지 않는다. 그리하여 세상 사람들이 즐거이 그를 추대하고 싫어하지 않는다. 그는 다투지 않기 때문에 세상의 어느 누구도 그와 다투려 하지 않는다.

바다는 낮은 곳에 처해 모든 것이 흘러 모이니 그 포용력만큼은 견줄 것이 없다. 그래서 노자는 모든 것을 받아 주는 바다처럼 낮은 자세로 임하라고 한다. 이와 같은 포용의 덕이 성인에게서는 겸허함으로 나타난다. 성인은 겸허한 언행으로 백성들의 추대를 받는다. 겸허한 말과 행동으로 스스로를 낮추니 다툴 일 또한 없다. 다투려 하지 않기 때문에 남도 그와 다투려 하지 않아 적이 없다. 《수호전(水滸傳)》에 보면 다툼이 끊이지 않는 난세에 일신의 안위를 지키는 방도를 언급하는 구절이 있는데, 싸워서 이기는 방법이 하책(下策)이요, 싸움을 피하는 길이 그보다 나은 계책이며, 애초에 싸울 일을 만들지 않는 것이 상책(上策)이라 했다. 경쟁할 일을 만들지 않으려면 "지혜와 능력을 숭상하지 말아야 한다." 그래야 백성들이 서로 재능을 드러내겠다고 다투지 않는다. 공자 역시 "군자는 다투는 법이 없다."라고 했다.

지금은 그 어느 시대보다 경쟁이 치열해 군자로서 살아가기가 더욱 어렵다. 부, 명예, 권력과 같은 고전적인 기준에 더해 신장, 외모, 학벌까지도 겨룬다. 세상은 온통 싸움판이고 교육은 싸움의 기술을 가르치는 데 몰입한다. 싸움판에서는 평상심과 자족을 지키기 어렵다. 분열되어 서로에 대한 투쟁심과 적개심만 키울 뿐이다. 그래서 겸손하고 낮추어 다투지 않는 겸하 부쟁(謙下不爭)의 처세가 절실하다. 노자가 바다가 되라 하고 뒤서라 함은 이런 경쟁 방식과는 사뭇 다른 것이다. 애초부터 스스로를 낮추어 싸울 일을 만들지 말라는 뜻이니 포용과 겸손의 리더십으로 경쟁심을 녹이라는 말이다.

67장
자애로워라! 검소하라! 겸손하라!

세상 사람들이 말하기를, 나의 도가 크기는 하지만 어떤 것도 닮지 않은 것 같다고 한다. 크기 때문에 닮지 않아 보이는 것이다. 만약 어떤 것을 닮았다면 이미 오래전에 보잘것없이 되었을 것이다. 내게 세 가지 보물이 있어 잘 간직해 소중히 여기니, 첫째는 자애로움이고, 둘째는 검소함이며, 셋째는 감히 세상 사람들 앞에 나서지 않으려는 것이다. 자애로움이 있으므로 용감할 수 있고, 아끼기 때문에 크고 넓어질 수 있으며, 세상 사람들 앞에 서지 않으려 하기 때문에 만물의 우두머리가 될 수 있다. 요즘 사람들은 자애로움을 버리고 용감하려 하거나, 검소함을 버리고 또한 넓히려고 하고, 뒤에 따르려 하기보다 앞장서려고 하는데, 이런 것은 죽음을 향해서 가는 것이다. 자애로움을 가지고 싸우면 승리할 수 있고, 그 마음을 지키면 견고해진다. 하늘이 장차 누구를 구제하고자 할 때에는 자애로움을 가지고 그를 보호할 것이다.

노자는 좀처럼 '나'라는 표현으로 자신을 드러내지 않는다. 그러나 드물게도 이 장에서는 '나'를 직접적으로 언급했다. 크기는 하나 그 무엇도 닮지 않은 도를 '나의 도'라 지칭하며 그 귀한 쓰임을 들어 세 가지 보물이라고 했다. 노자가 잘 간직하고 소중히 여기는 보물은 도의 작용, 즉 덕을 말하는데 자애(慈愛)와 검소(儉素)와 겸허(謙虛, 자신을 드러내지 않으려는 태도)가 그것이다.

첫 번째 보물로 언급한 자애로움은 내리사랑이며, 자녀를 아끼고 사랑하는 부모의 마음과 같은 것이다. 이에 대해 한비자는 "자녀를 아끼고 사랑하면 옷과 음식이 끊이지 않도록 한다."라고 표현해 자애로움의 으뜸이 부모의 사랑임을 밝혔다. 노자는 자애로움의 쓰임에 대해 가족 간의 친화를 내세우는 한편, "자애로 화목하려면 인위적으로 인의(仁義)를 취하는 태도를 버려야 한다."라고 말했다. 자애로움은 무의식적으로 행하기에 도에 가장 가까운 덕이다. 그러하기에 장자 또한 "군자는 자(慈)와 인(仁)이 몸에 밴 사람"이라고 했다.

두 번째 보물인 검소함은 앞에서도 말했듯이 '아낌'이다. 아낌은 절약한다는 의미와 사랑하고 귀히 여기는 마음의 두 가지 의미가 들어 있다. 무엇이든지 사랑하고 귀하게 여기면 효용이 배가 된다. 따라서 검소함은 주어진 것에 대한 쓸모를 몇 배로 늘린다. 한비자 역시 같은 해석을 내놓았다.

> "지혜로운 선비가 그 재물을 검소하게 쓰면 집안이 부유해지고,
> 성인이 그 정신을 아끼면 몸의 기운이 왕성해지며, 군주가 전장에
> 서 병사를 중히 여기면 백성이 늘어나고, 백성이 늘어나면 나라가
> 넓어진다."
>
> — 《한비자》〈해노(解老)〉

검소함은 욕심껏 땅을 넓히는 것이 아니라 욕심을 줄여 지닌 것을 십분 활용하는 것이다. 그러하니 노자의 두 번째 보물은 만물을 사랑하고 귀히 여기는 마음이며 자연에 대한 겸손함이다.

검소함이 자연에 대한 겸손함이라면 세 번째 보배인 '사람들 앞에 나서지 않음'은 사람에 대한 겸손, 즉 겸하(謙下)라고 할 수 있다. 노자는 앞에서도 여러 차례 겸하의 덕을 언급했는데 이를 되짚어 보

자. "자신을 내세우지 않음으로 모두의 본보기가 되며,"(7장) "백성들 앞에 서고 싶으면 반드시 자신을 뒤로해야 한다."(66장)

　누군가는 노자가 마음의 보옥(寶玉)으로 삼는 이 세 번째 덕목을 가리켜 비겁한 보신주의로 공격할지도 모른다. 하지만 노자의 겸하는 다투지 않음(不爭)과 짝을 이룬다. 일신의 안위만을 챙기려 경쟁을 피하는 태도가 아니라 아예 다툴 일을 만들지 않는 것이다. 물처럼 다투지 않고 낮은 곳에 처해 모두와 조화를 이루려는 마음이다. 자애로움, 검소함, 겸손함, 이 세 덕목을 보물로 삼았다는 말이 일신의 안위를 위하거나 세상을 멀리하고 은둔하라는 뜻이 아니라, 좀 더 적극적으로 대의를 실천하라는 뜻임을 본문을 통해 다시 한 번 확인해 보자. "자애로움이 있으므로 용감할 수 있고, 아끼기 때문에 크고 넓어질 수 있으며, 세상 사람들 앞에 서지 않으려 하기 때문에 만물의 우두머리가 될 수 있다."

68장
맞서지 않고 이기는 자

 훌륭한 장수는 무용을 뽐내지 않고, 싸움을 잘하는 자는 성내지 않으며, 적을 가장 잘 이기는 자는 맞서지 않고, 사람을 가장 잘 쓰는 자는 자신을 낮출 줄 안다. 이것을 일러 다투지 않는 덕이고, 다른 사람을 활용할 줄 아는 힘이며, 하늘의 뜻에 어울리는 지극한 도라고 한다.

전반적인 맥락이 66장의 "다투지 않기 때문에 세상의 어느 누구도 그와 다투려 하지 않는다."라는 구절과 통하며 싸움에서 이기는 일이 최선이 아니라 싸울 일을 만들지 않는 일이 최선임을 다시 한 번 강조하는 내용이다.

그런데 싸울 일을 만들지 않음이 최선이기는 하나 원치 않는 싸움에 휘말릴 때도 있는 법이다. 이번 장의 전반부는 이와 같은 상황에서 차선으로나마 취해야 할 태도에 대해 언급하고 있다. 우선 '무용(武勇)을 뽐내지 말라'는 것이다. 무용은 상대방에게도 투지를 불러일으켜 화평의 여지를 없앤다. '분노를 다스리라'고도 말한다. 분노하면 상대방에게 결사항전의 의지를 다지게 할 뿐이다. '맞서지도 말라'고 말한다. 패자뿐 아니라 승자 또한 잃는 것이 많음을 알기 때문이다.

후반부에서는 다시금 자신을 낮춤(謙下)으로써 싸울 일을 만들지 말라(不爭)는 본연의 입장으로 돌아간다. 시비(是非), 선악(善惡), 우열(優劣), 고저(高低) 등 세상은 온통 다툴 거리로 가득하다. 하지만 판단하지 않거나 차별하지 않는다면 어떨까? 다툼에 말려들 일이 없을 것이다. 결국 다투지 않는 덕이란 다툴 소지를 만들지 않는 것이며, 다른 사람과 어울려 그들을 활용할 줄 아는 진정한 힘이라는 말이다. 그러니 이 덕은 곧 상대방을 존중하면서 하늘의 뜻에 따르는 처신이기도 하다.

69장
지켜서 이긴다

병법에 이런 말이 있다.

나는 공격을 주도하지 않고 수세만 취하며, 감히 한 치도 전진하지 않고 오히려 한 자 후퇴한다. 이것을 가리켜 행군하려고 하나 행군함이 없고, 팔을 휘두르려고 하나 휘두를 팔이 없고, 공격하려고 하나 물리칠 병사가 없고, 무기를 쓰려고 하나 적이 없다는 것이다.

적을 가벼이 여기는 것보다 더 큰 화는 없으니, 적을 가볍게 여기면 보물을 잃게 된다. 그러므로 군사를 동원해 서로 결전하게 될 때에는 살생을 애달프게 여기는 쪽이 승리하게 된다.

"공격을 주도하지 않고 수세만 취하며, 감히 한 치도 전진하지 않고 오히려 한 자 후퇴한다." 이 말은 노자 이전부터 전해 오는 병법에 관한 격언이다. 앞 장에서도 잘 이기는 자는 상대방과 맞서지 않는다고 했다. 불가피한 싸움에 휘말렸을 때 최상의 선택은 역시 다툼 없이 세(勢)를 지키는 길이다. 하지만 거듭 말하지만 이는 노자가 권하는 최선은 아니다.

66장과 68장에 이어 이 장에서도 반복해서 경쟁에 대한 올바른 대응을 말하는 듯하나, 속뜻은 경쟁할 일을 만들지 않는 자세를 최선으로 삼으라는 것이다. 어쩔 수 없이 다퉈야 할 일이 있을 때에도 대적해 무찌르기보다는 '팔을 휘둘러 공격하지 말고, 상대방 병사를 물리치려고도 하지 말며, 적극적으로 공세를 취하지도 말라.'라고 이른다. 서로에게 해가 되지 않게 그저 지키는 것으로 최상의 방도를 삼으라는 뜻이다.

인간도 욕심과 집착을 완전히 내려놓지 않는 한 약육강식이나 적자생존의 자연 법칙으로부터 자유로울 수 없다. 따라서 사람 사는 세상에도 빼앗으려거나 지키려는 다툼이 끊이지 않는다. 5천 년 동안 역사에 기록된 전쟁만도 무려 1만 5천여 건에 달한다고 한다. 이로 인한 피해는 상상이 가고도 남는다. 노자는 재난의 원인을 "적을 가볍게 여기는 것"이라 했는데, 이는 자신과 자신의 몫에 비해 남과 남의 몫을 가볍게 여기고 함부로 대하는 것이다. 함부로 대할 뿐 아니라 부국강병을 구실로 빼앗으려 한다. 다툼으로 인한 피해는 바로 이 때문이며, 이로 인해 결국 자신이 갖고 있는 보물조차 잃게 된다.

마지막 구절인 "그러므로 군사를 동원해 서로 결전하게 될 때에는 살생을 애달프게 여기는 쪽이 승리하게 된다."라는 말은 무슨 뜻인가. '목숨을 중히 여기고 상대방을 존중하라'는 말이다. 상대방을 가볍게 여겨 무찌르고 빼앗으려 들면 상대방 또한 죽기를 각오하고 투지를 불사른다. 싸움의 무모함을 깨닫고 전의를 덜어 낸다면 상대방 또한 투지를 누그러뜨릴 것이다. 이는 자애로움이 욕심을 이긴다는 말이다. 용맹함을 뜻하는 무(武)는 창을 뜻하는 과(戈)와 그칠 지(止)로 이루어졌다. '창을 용맹하게 써서 상대방을 제압해 싸움을 그치게 하다'라고 해석되기도 하겠지만, '창을 내려놓아 싸움을 멎게 하다'라는 의미로 받아들이고 싶어 하는 노자의 마음이 느껴지는 대목이다.

70장
말에는 으뜸가는 뜻이 있고
일에는 중심이 되는 근거가 있다

내 말은 이해하기 쉽고 행하기도 매우 쉬운데 세상 사람들은 잘 이해하지도 실행하지도 못한다. 말에는 으뜸가는 뜻이 있고 일에는 중심이 되는 근거가 있다. 그런데도 사람들이 그것을 모르기 때문에 나를 이해하지 못한다. 나를 이해하는 사람도 드물고 나를 따르려는 사람도 보기가 어렵다. 그런 까닭에 성인은 남루한 베옷을 입고 있지만 속에는 옥을 품고 있는 것이다.

글 속의 '나'는 노자 자신이다. 이번 장도 자신의 말에 대해 사람들이 이해하려 하지 않고 따르려고도 않는다는 속내를 내비치고 있다는 점에서 다른 장들과는 색다르다.

성인의 말은 이해하기가 쉽다. 알아듣기 쉽게 들려주기 때문이다. 노자와 장자는 물론 예수, 부처도 어리거나 못 배운 사람도 알아듣기 쉽도록 자신의 마음속 뜻을 풀어 냈다. 그런데도 어렵다거나 난해하다고 여기는 사람들이 많은 까닭은 무엇일까? 그 원래의 뜻을 새기기보다 자구의 해석에 매달린 식자층의 소행 탓일 것이다. 이들은 해설이니 주석이니 비평이니 하면서 자신의 색깔을 겹겹으로 덧입힌다. 그러니 원래의 참뜻이 제대로 안 보일 수밖에.

《도덕경》 곳곳에 지식을 멀리하라는 경구를 넣은 이유를 알 듯하다. 조계종의 큰 어른으로 존경받는 성철 스님도 공부하는 사람들한테 "책 많이 읽지 말라."고 했는데 그 의미 또한 같다. 하지만 노자나 성철의 지식에 대한 경계의 말은 지식 자체를 부정한 것이 아니다. 자구 해석에 연연하거나 그릇된 관념에 빠질 것을 경계한 것이다. 선각자의 뜻은 예나 지금이나 곡해되기 마련이다. 대중은 당장

의 처방과 해결책을 구하나 선각자는 근본과 깨달음을 이야기하니
서로 맞을 리가 없다. 그래서 외로운 처지에 놓이거나 배척받은 일
이 비일비재하다. 오죽하면 예수는 "인자는 머리 둘 곳이 없다."라
고 했겠는가. 그런 까닭에 노자는 "성인은 남루한 베옷을 입고 있지
만 속에는 옥을 품고 있는 것이다."라고 말한다. 죽장에 삿갓 쓰고
방랑 세월을 살았던 김병연(1807~1863년. 김삿갓이라는 이름으로 알려진 조
선 후기의 방랑 시인)의 시에서도 비슷한 소회가 묻어난다.

> "새도 둥지가 있고 짐승도 굴이 있어 대개는 머물 곳이 있는데,
> 외로운 나는 평생 홀로 생채기만 내는구나(鳥巢獸穴皆有居 顧我平生獨
> 自傷)."

71장
모르면서 안다 하니 병이다

알지 못함을 아는 것이 가장 바람직하고, 모르면서 오히려
안다고 여기는 것은 병이다. 성인(聖人)은 이러한 병을 앓지
않는데, 이는 자기의 병을 병으로 알기 때문이다. 대체로 자기의 병
을 병으로 여기면 그것은 병이 되지 않는다.

지(知)가 뜻하는 바가 궁금하면 33장으로 다시 가 보자. "남을 아는 사람은 지혜로운 사람이고, 자신을 아는 사람은 현명한 사람이다. 다른 사람을 이기는 사람은 힘이 센 것이고, 자기 자신을 이기는 사람은 강한 것이다." 여기서 지혜롭다고 표현한 앎(智)은 타인이나 바깥의 사물에 대해 구별하고 분별하는 인식 능력을 말한다. 즉, 타인에 대한 분별지(分別智)다. 반면에 현명하다고 표현되는 앎(明)은 외적인 사물이나 세계에 대한 지식만이 아니라 자기 내면까지 들여다보는 종합적인 인식 능력을 말한다.

그런데도 사람들은 보통 현명하다는 말보다 유능하다는 소리를 더욱 듣고 싶어 한다. 현명함은 때로 세속적인 가치에서 멀 수 있지만, 유능함은 항상 세속적인 보상이 따르기 때문이다. 다른 사람과의 경쟁에서 이기려면 먼저 알아야 한다. 이 말은 타인을 이해한다기보다 타인의 강약과 장단을 파악해 재빠르게 대응한다는 뜻이다. 사실 이런 유능함은 도리가 아니라 교활함이다. 자기를 아는 것, 특히 자신의 부족함을 아는 것이 도리다. 자신의 부족함을 아는 사람은 행여나 타인에게 해가 되거나 일을 그르칠까 봐 조심한다. 하지만 남의 약점을 파고들어 이길 궁리만 하는 사람은 본인 또한 이용당하기도 하고, 다른 사람이 목적을 달성하는 데 발판이 될 수도 있다는 사실을 알아야 한다. 타인을 이기기 위해 알려 하기보다 자신의 부족함을 먼저 알고서 행동하는 사람은 자신이나 남에게 해가 되지 않는다. 그래서 노자는 "자기의 병을 병으로 여기면 그것은 병이 되지 않는다."라고 한 것이다.

72장
통치자에게 위엄이 없으면

사람들이 통치자의 위엄을 두려워하지 않는다면 진실로 큰 위엄에 이를 수 있다. 백성들의 삶의 터전을 억누르지 말 것이며, 그 삶을 힘들게 하지 말라. 힘들게 하지 않아야 백성들이 통치자를 미워하지 않는다. 그런 까닭에 성인은 자신을 잘 알면서도 드러내지 않고, 자신을 사랑하면서도 스스로를 귀하다고 여기지 않는다. 그러므로 앞의 것을 버리고 뒤의 것을 택해야 한다.

통치자에 대한 엄중한 경고가 느껴진다. 바람이 강하면 구름이 흩어지고 지기(地氣)가 강하면 뭇 짐승이 흩어지듯이 통치자의 기세가 사나우면 민심이 흩어진다. 흩어졌던 민심은 다시 분노로 뭉쳐서 노도처럼 달려들어 서슬 퍼런 권력을 무너뜨린다. 이것이 민심이다. 구름과 뭇 짐승을 모으고 흩는 것은 자연이나, 백성의 마음을 모으고 흩는 것은 사람의 일이다. 그중 팔 할의 몫은 통치자의 것이다.

통치자가 군림하며 백성들의 삶의 터전을 억누르고 그 삶을 힘들게 한다면, 백성들은 염증을 느끼고 저항하게 된다.

세불 백년(勢不百年, 권세는 백 년을 가지 못함)이라 했던가. 천하의 폭군인 걸주(桀紂, 중국 하나라의 걸왕과 은나라의 주왕을 일컫는 말)와 절대 권력을 휘두른 진시황의 권좌도 그리 오래가지 못했다. 백성들을 억누르고 힘들게 했기 때문이다. 비교적 최근의 예에서도 압제와 폭정의 말로가 보인다. 부마 항쟁과 광주 민주화 운동 그리고 6월 항쟁 등을 유발한 독재자들의 말로는 노자의 경고가 오늘날의 한국 사회에서도 유효하다는 사실을 일깨운다. 권력을 사유화하고 무고한 백성들을 희생시켜 가며 권력을 유지하고자 했던 독재자들은 국민들의 거룩한 분노에 직면해 비참하게 생을 마감했거나 오욕의 삶을 이어가고 있다.

노자는 "자신을 잘 알면서도 드러내지 않고, 자신을 사랑하면서도 스스로를 귀하다고 여기지 않는다."라면서 바른 통치에 대한 자신의 입장을 밝힌다. '자신을 잘 안다'는 말은 자신의 언행을 살피고 반성한다는 뜻이다. '자신을 사랑한다'는 말은 자존감과 자부심을 바탕으로 맡은 일에 열중한다는 뜻이다. '드러내지 않거나 스스로를 귀하다고 여기지 않는다'는 말은 겸손이다. 그러니 노자가 말하는 지도자의 덕목을 간추리면, 자기 성찰과 열정 그리고 겸손이라고 할 수 있다. 만일 대한민국의 현대사를 이끈 지도자들이 노자의 권고에 귀를 기울였다면 국민들의 분노를 사지 않았을 것이고, 불행한 죽음이나 오욕의 삶과도 무관했을지 모른다. 모름지기 지도자가 되려는 사람이라면 스스로를 드러내거나 귀하게 여기지 말고 자신을 성찰하고 스스로를 낮추어야 한다.

73장
하늘의 그물망은 성글지만 놓치는 것이 없다

과감하게 행할 용기가 있으면 죽게 되고, 과감하게 행하지 않을 용기가 있으면 살 수 있다. 이 두 가지 행동에는 이로운 것도 있고 해로운 것도 있다. 하늘이 미워하는 사람을 누가 알겠는가? 그런 까닭에 성인조차도 오히려 망설인다.

하늘의 도는 다투지 않고도 잘 이기고, 말하지 않고도 잘 응답하며, 부르지 않아도 스스로 오고, 가만히 있으면서도 잘 도모한다. 하늘의 그물망은 넓고 넓어 성글지만 놓치는 것이 없다.

과감하게 행할 용기와 과감하게 행하지 않을 용기는 어떤 지점에서 나뉠까? 우선 노자가 살았던 춘추 시대로 돌아가 그 답을 구해 보자. 당시는 약 140여 개의 국가가 세를 다투던 시절이었다. 국가

건 개인이건 세력 다툼의 틈바구니에서 살아남는 일이 가장 시급한 문제였을 때다. 살아남은 다음에는 우세한 자리를 차지하고자 싸워야 했다. 이기심이 발동하지 않을 수 없는 상황이었다. 이기심 가득한 당시의 세태에 대해 《한기(漢記)》에는 "군자는 예의를 지키지 않고, 소인은 법을 어겼다."라고 기록될 정도다. 여기서 우리는 과감하게 행할 용기와 과감하게 행하지 않을 용기란 바로 이기심에 입각해 과감히 예의와 법을 어기는 용기와 과감하게 이기심을 억누르는 용기임을 짐작할 수 있다.

남보다 우세해지려는 과감함은 자연의 이치, 즉 도를 거스르는 탓에 명을 재촉한다. 세를 다투는 일에 과감하게 나서지 않는 태도라야 자연이 허락한 수명을 온전하게 누릴 수 있다. 67장에서 노자 자신이 중히 여기는 덕목으로 "감히 세상 사람들 앞에 나서지 않음"을 꼽았던 사실을 상기하자. 하지만 구체적으로 어느 경우에 용기를 행사해야 할지 말아야 할지는 성인조차 망설이게 된다는 것이다. 노자는 "하늘의 도는 다투지 않고도 잘 이기고, 말하지 않고도 잘 응답하며, 부르지 않아도 스스로 오고, 가만히 있으면서도 잘 도모한다."라는 구절을 통해 그 답을 제시하고 있다. 노자는 하늘의 도가 제시하는 길처럼 다투지 말고, 애써 말하지 말며, 억지로 부르지도 말고, 가만히 있으면서 저절로 이루어질 것을 기다리라고 말한다. 여기서 '과감히 행하지 않는 용기'는 바로 인위적으로 애써 도모하지 않는 용기이자, 하늘의 뜻에 맡기는 용기임을 알 수 있다. 성인조차 망설이는 일인데 그 일을 억지로 도모하려고 골몰하기보다 과감히 하늘의 뜻에 따르고 자연의 도에 순응하라는 말이다.

하늘의 도는 넓고 넓어서 성긴 듯 보이겠지만 도리어 그러한 까닭에 모든 것을 살피고 포괄해 그 무엇 하나도 놓치는 법이 없다. 그래서 법률이나 제도로 빈틈없이 그물망을 치는 것보다 성긴 듯하지만 모두를 끌어안는 하늘처럼 자연의 이치에 과감하게 맡기는 용기가 무릇 나라의 지도자라면 절실하게 필요한 법이다.

74장
백성이 죽음을 두려워 않으면

백성들이 죽음을 두려워하지 않는다면 어찌 죽음으로 그들을 두렵게 할 수 있겠는가? 만약 백성들에게 항상 죽음을 무서워하게 만든다면 죄를 짓는 자가 있다고 할 때 그를 내가 잡아서 죽일 수는 있다. 하지만 어느 누가 감히 그를 죽일 수 있겠는가?

항상 죽이는 일을 맡은 자가 있어서 죽이는 것이다. 죽이는 일을 맡은 자를 대신해 죽이는 일은 마치 뛰어난 목수를 대신해서 나무를 자르는 것과 같다. 그런데 목수를 대신해 나무를 자르는 사람 중에서 자신의 손을 다치지 않는 사람은 드물다.

　백성들이 죽는 것을 두려워하지 않는 경우는 어떤 때일까? 자신의 희생이 거룩하다고 생각될 때와 삶이 구차스럽게 느껴질 때다. 여기서는 후자를 말하고 있다. 위정자들의 폭압 정치로 인해 두려운 나머지 삶을 포기하고 싶은 때를 말한다. 동서고금을 막론하고 독재자들이 백성들을 두려움에 몰아넣고 집단 학살한 사례는 드물지 않다. 문명화 이전이라 할 수 있는 고대나 중세는 말할 것도 없고, 문명화되었다는 현대에 들어서도 히틀러에 의해 저질러진 유대인 학살, 스탈린 공산 독재하의 대량 학살, 캄보디아 폴 포트 정권하에서 일어난 킬링필드, 유고 내전 당시 인종 청소라 불린 대규모의 살육 등 얼핏 떠오르는 사례만 열거해도 부지기수다. 어림잡아도 근 60~70년 동안에 수천만 명의 무고한 생명이 독재자의 광기에 쓰러졌다. 개똥밭에 굴러도 이승이 좋다 했거늘 어느 백성이 스스로 살고자 하는 의지를 접겠는가. 하지만 독재자의 광기 앞에서는 삶에 대한 애착이 소용없어지니 죽음이 두렵지 않고(民不畏死) 더 이상 죽인다고 협박해도 겁내지 않는다(以死懼之).
　이와 반대로 통치자가 백성들로 하여금 죽을 맛이 아닌 살맛을 느끼는 정치를 해서 죽는 것이 오히려 무섭게 느껴진다면 백성들은 삶에 대한 애착 때문에 죽음을 두려워하게 된다. 그런데도 감히 경거

망동하며 죄를 짓는 사람이 생긴다면 노자는 자신이 나서서 죽일 수는 있다고 말한다. 하지만 다른 누가 그런 일을 맡으려고 하겠는가? 생명을 내고 거두는 일은 자연만이 할 수 있으니, 본문에서 "항상 죽이는 일을 맡은 자가 있어서 죽이는 것이다."라는 표현은 바로 자연의 순리를 의미한다. 하지만 인간 세상의 지배자들은 자연을 대신해 사람의 목숨을 거두는 일조차 자기 뜻대로 저지르려고 한다. 그래서 노자는 나무를 베는 목수를 예로 들어 이런 행위가 얼마나 무모한 만용인지를 설명한다. '목수를 대신해 나무를 자르는 자는 그 무모함으로 손을 다치기 마련이다.' 자연의 뜻을 거슬러 생명을 해치는 일은 결국 자신을 해치는 일이기도 하다. 이는 광기를 부려 백성을 두려움에 떨게 하고 뭇 생명을 함부로 해친 독재자들의 말로를 보면 자명하다.

75장
백성이 굶주리는 까닭

 백성들이 굶주리는 까닭은 윗사람이 세금을 지나치게 많이 거두기 때문이다. 그래서 백성들은 굶주리는 것이다.
백성들을 다스리기 어려운 까닭은 통치자가 자기 멋대로 행하기(有

爲) 때문이다. 그래서 다스리기 어려운 것이다.

백성들이 죽음을 가벼이 여기는 것은 지배 계층의 삶이 지나치게 사치스럽기 때문이다. 그래서 사람들이 죽음을 가벼이 여기는 것이다.

무릇 잘살려고 하지 않는 사람이 삶을 고귀하게 살려는 사람보다 더 현명하다.

노자는 주나라 왕실에서 국립 도서관장에 해당하는 수장사(守藏史)를 역임했다고 전해진다. 왕실의 문서를 관리했던 탓에 어제와 오늘을 비교하기가 용이했으리라. 이 장은 이와 같은 경험에서 비롯된 내용이기도 하다.

노자의 견해에 따르면 적절한 세금은 나라 살림을 위해 필요하다. 하지만 지나친 세금은 권력층만을 살찌울 뿐 백성들의 삶을 피폐하게 한다. 자연히 민심은 동요하고 이를 누르려고 권력은 사회 질서 유지라는 명목으로 각종 법령을 만들어 낸다. 하지만 앞에서도 노자는 "세상에 규제가 많을수록 백성은 더욱 가난해지고," '궁지에 몰린 백성들은 권력을 두려워하지 않게 돼' 나라가 혼란에 빠진다고 말한 바 있다. 이와 같은 혼란은 통치자의 독단적인 통치, 즉 유위(有爲)의 정치가 원인이다.

또한 지배 계층의 사치는 궁지에 몰린 백성들을 더욱 좌절시켜 삶에 대한 의욕을 접게 한다. 세금으로 재산을 빼앗기고 궁벽한 생활을 이어 가는 백성들의 눈에 비친 지배 계층의 아방궁(阿房宮, 중국 진시황이 기원전 세운 궁전으로 지나치게 크고 화려한 집을 비유적으로 이르는 말), 고대광실(高臺廣室, 매우 크고 좋은 집), 주지육림(酒池肉林, 술로 연못을 이루고 고기로 숲을 이룬다는 뜻으로 중국 은나라 주왕이 이런 짓을 즐겼던 일에서 유래함) 등의 사치 행각은 그야말로 삶에 대한 한 줌의 의욕마저도 앗아 가는 요인이다. 세속적인 부와 지위로부터 철저하게 소외됐다고 느낀 백성들의 선택이 결국 죽음일 수 있다는 사실을 깨닫게 한다.

오늘날 세계 1위를 기록하고 있는 대한민국의 자살률도 이와 무관하지 않다. 특히 50대의 자살률은 인구 10만 명 당 62.4명에 달해 전 연령대에서 가장 높고 전 세계 평균을 크게 웃도는 수치이기도 하다. 한국의 50대는 70년대와 80년대 산업화의 주역이었다. 그럼에도 한창 왕성하게 활동해야 할 나이에 스스로 죽음을 택하는 이유 중 하나가 바로 상대적인 박탈감 때문이다. 돈으로 인격을 보는 천민자본주의는 인간의 가치조차도 물질적 가치로 환산해 인간의 존엄성을 상실하게 만든다. 게다가 사회 지도층과 상류층의 사치는 앞만 보고 열심히 달려온 한국의 50대들에게 상대적인 박탈감에 더해 무기력감과 존재에 대한 회의를 안겨 준다. 예나 지금이나 지배 계층의 과도한 사치는 선량한 백성들에게 소외와 좌절, 삶에 대한 회의를 갖게 하는 원인이다.

노자가 '남보다 잘살려고 하지 않는 삶이 스스로를 고귀하게 만들려는 삶보다 낫다.'라고 한 것도 바로 이 때문이다. 또한 노자의 이 말 속에는 역대 왕실의 행적을 공부한 수장사로서 갖게 된 역사에 대한 통찰력과 지배 계층의 잘못에 대한 경고의 뜻이 함께 담겨 있다. 한국의 지도층과 위정자들이 깊이 새겨야 할 장이다.

76장
산 기운과 죽은 기운

사람이 살아 있으면 몸이 부드럽고 약하지만, 죽으면 굳고 강해진다. 만물 초목도 살아 있을 때는 부드럽고 약하지만, 죽으면 마르고 뻣뻣하다. 그러므로 굳고 강한 것은 죽은 무리이고, 부드럽고 약한 것은 살아 있는 무리이다. 그런 까닭에 군대도 지나치게 강하면 전쟁에서 패하고, 나무도 강하면 부러질 뿐이다. 강대한 것은 아래에 있고, 부드럽고 약한 것은 위에 있다.

자연의 이치와 인간의 삶에 대한 자세를 관련지어 교훈을 전하는 내용이다. 산 것이 부드럽고 죽은 것이 뻣뻣해짐은 자연의 이치다. 다른 사람의 의견에 귀와 가슴을 여는 자세는 생물(生物)과도 같은 부드러운 태도이나 자신의 의견만을 고집하는 자세는 사체(死體)와 같이 경직된 태도임을 비유로써 나타냈다. 또한 여기서 죽은 무리(死之徒)는 아집에 빠져 서로를 배척하는 상극의 무리를 의미하며, 살아 있는 무리(生之徒)란 서로 포용하고 조화를 이루는 상생의 무리를 지칭하는 말이기도 하다.

인위적인 도모가 빚은 문명은 견고한 듯해도 얼마 못 가 허물어지기 일쑤고, 자연은 부드러우나 만물을 낳고 기르며 끊임없이 순환하는 생명력이 있다. 인간이 이룩한 그 어떤 강함도 자연의 부드러움을 당하지 못한다. 단단한 나무가 부드러운 바람에 쓰러지듯이 단단한 아집 또한 포용과 조화의 부드러운 기세를 당해 낼 수 없다. 아집과 독선의 갑주를 벗어 버리고 자연의 부드러운 가르침을 깨달은 자라야 화합하고 포용할 수 있다. 이를 일러 "부드럽고 약한 것이 위에 있다."라고 한 것이다.

77장
하늘은 공평하다

하늘의 도는 아마 활시위를 당기는 것과 같지 않겠는가? 높이 들면 내리누르고, 낮게 들면 끌어올리며, 남는 것은 덜어 내고, 부족한 것은 보충해 준다.

하늘의 도는 남는 것을 덜어 부족한 것을 보충해 준다. 사람의 도는 그렇지 않아서 부족한 데서 덜어 내어 여유 있는 것에 바친다. 누가 여유가 있어서 세상에 봉사할 것인가? 오직 도를 가진 사람만이 그렇게 할 수 있다. 그러므로 성인은 자신이 하고도 자랑하지 않으며, 공을 세우고도 그 자리에 머물지 않는다. 그것은 자신의 현명함을 보이고자 하지 않기 때문이다.

활을 당기기 전에는 두 활 끝 사이의 길이가 활등에서 활줄까지의 거리보다 훨씬 멀다. 하지만 활을 당기면 활의 길이는 줄어들고 활의 너비는 넓어진다. 이는 길이를 줄이고 너비를 늘임으로써 활의 쓰임새를 높이는 것이다. 이것을 비유해 노자는 "남는 것을 덜어 부족한 것에 보태는 것이 곧 하늘의 도"라고 했다. 이에 반해 인간의 도는 "부족한 데서 덜어 내어 여유 있는 것에 바친다."라고 말했는데, 이 대목에서 언뜻 "백성들이 굶주리는 까닭은 윗사람이 세금을 지나치게 많이 거두기 때문이다."라고 했던 말이 떠오른다. 권력과 부를 쥔 자들의 가렴주구(苛斂誅求, 세금을 가혹하게 거두어들이고 무리하게 재물을 빼앗음)를 빗댄 말이다. 말이 나온 김에 가렴주구에 대한 공자의 말을 한 대목 들어 보자.

춘추 시대 말 공자의 모국인 노나라는 조정의 실세인 계손자(季孫

子)가 세금 등을 가혹하게 징수함(苛斂誅求)으로써 백성들이 큰 어려움을 겪고 있었다.

공자가 제자들과 함께 태산(泰山) 기슭을 지나가고 있을 때였다. 어떤 여인이 세 개의 무덤 앞에서 구슬프게 울고 있었다. 이 울음소리를 듣고 있던 공자는 제자 자로(子路)에게 그 까닭을 물어 보라고 했다. 자로가 여인에게 이유를 묻자 그녀는 더욱 흐느껴 울며 이렇게 말했다.

"옛적에 시아버지와 남편이 호랑이에게 당했는데, 이제 제 아들이 또 그것에게 죽었습니다."

그런데 어째서 이곳을 떠나지 않았느냐고 물으니 "이곳은 세금을 혹독하게 징수하거나 부역을 강요하는 일이 없습니다."

공자는 이를 보고 제자들에게 이렇게 말했다.

"가혹한 정치는 호랑이보다 더 무서운 것이니라."

많은 데서 덜어 부족한 곳에 보탬으로 균형을 이루는 천도에 비해 부족한 데서 취해 많은 곳에 보태는 인도를 앞세운 정치는 사람을 잡아먹는 호랑이보다도 무서운 법이다. 공자 역시 재물에 대해 모자람을 걱정하기보다 고르지 못한 것을 걱정했으며, "재화는 필요한 곳에 돌아야지 부자에게 보태져서는 안 된다."라고 단호한 뜻을 밝히기도 했다.

노자는 남는 것을 덜어서 부족한 것에 보태는 행위로 천도를 다 실천했다고 보지 않고 한 걸음 더 나아갔다. '공을 세우고도 그 자리에 머물지 않고 자신의 현명함을 드러내지 않는 성인'처럼 겸손해야 한다고 하면서 겸손과 낮은 곳에 머무는 처하를 강조했다.

78장
바른말은 반대로 하는 말과 같다

세상에 물보다 더 부드럽고 약한 것이 없으나, 단단하고 강한 것도 물을 이기지는 못하니 어떤 것도 물을 대신할 만한 것은 없다. 약한 것이 강한 것을 이기고 부드러운 것이 단단한 것을 이긴다는 것을 세상에 모르는 사람이 없지만, 이것을 실행할 줄 아는 사람은 없다. 그런 까닭에 나라의 모든 허물을 받아들여야 나라를 다스리는 군주라 할 수 있고, 나라의 온갖 불상사를 한 몸에 떠맡는 사람이라야 세상을 다스리는 지도자가 될 수 있다. 바른말은 마치 반대말과 같다.

노자의 물에 대한 생각은 이미 여러 차례 드러난 바 있다. 그중에서 가장 유명한 구절이 8장의 "최상의 선은 물과 같다. 물은 만물을 이롭게 할 뿐 다투지 않는다. 모든 사람이 싫어하는 곳에 기꺼이 머무르니 도에 가장 가깝다."일 것이다.

물은 비길 데 없이 부드럽고 약해 보이나 그 어떤 강하고 단단한 것도 물을 이기지 못한다. 집착이 없고 스스로를 낮추기 때문이다. 머무르려 하지도, 떠나려 하지도, 앞서려 하지도, 뒤서려 하지도 않는다. 그저 흘러갈 뿐이다. 자신의 색깔을 고집하지 않는다. 모든 것의 거울일 뿐이다. 세상의 가장 낮은 곳을 지향하면서 모든 것을 포용하니 다툴 일이 없다. 그래서 그 무엇도 물을 이길 수 없다. 노자가 물을 일러 도에 가장 가깝다고 하는 이유 또한 여기에 있다.

반면 사람들은 물과 같은 태도를 취하려 들지 않는다. 항시 무엇인가에 집착하고 세속적인 가치를 놓고 서로 다툰다. 자신만의 색깔을 드러내려 하고 서로를 경계한다. 그래서 사람 사는 세상에는 다툼이 끊이지 않는다. 자연 도에서 멀 수밖에 없다.

모름지기 세상의 지도자가 되려는 사람은 '세상의 허물을 모두 받아들이는' 물을 본받아야 한다. '세상의 온갖 불상사를 떠안는' 물처럼 되어야 한다. 공자 또한 물로써 군자의 도리를 설파한 바 있다. 한나라 때 유향(劉向)이 지은 《설원(說苑)》에 보면, 공자가 제자인 자공(子貢)의 질문에 답하면서 물을 찬미하는 대목이 나오는데, 노자가 물로써 전하는 교훈과 같은 내용임을 알 수 있다.

"물은 세상에 두루 미쳐 만물에 생명을 공급하나 자신을 드러내지 않으니, 이는 군자의 덕과 같다. 물이 가는 곳마다 만물이 생육하니, 이는 군자가 지녀야 할 인(仁)과 같으며, 낮은 곳을 흐르고 주위에 자신을 맞추니, 이는 군자가 행할 의(義)와 같다. 낮은 곳을 향해 끊임없이 흐르고 때로는 측량할 수 없이 깊으니, 이는 군자의 지혜와 같다. 아무리 깊은 곳이라도 단호히 흘러드니, 이는 군자의 용기와 같다. 부드러워 어느 곳이든 잘 스미니, 이는 군자의 밝은 통찰력과 같다. 세상의 그 어떤 지탄도 기꺼이 받아들이니, 이는 군자의 포용력과 같다. 모든 더러움을 가라앉혀 정화시키니, 이는 군자의 선행과 같다. 그릇에 담기면 수평을 이루고 가득 차면 더 이상 받아들이지 않음은, 행실을 단정히 하고 분수와 한계를 지키는 군자의 자세와도 같다. 어떤 장애나 굽이를 만나도 굳건히 흘러 바다로 향함은, 군자의 불굴의 신념과도 같다."

모두에게 본보기가 되는 삶을 살려면 물처럼 세상의 온갖 더러움도 기꺼이 받아들이고 세상의 온갖 상서롭지 못한 일도 덮어 주어야 마땅한데 소위 지도자를 자처하는 사람들은 그렇지 못하다. 그래서 노자는 "바른말은 반대말과 같다."라고 하면서 특유의 반어법으로 일갈한다. 세상 사람들은 '완전한 것', '상서로운 것'을 바르다고 생각하는데 노자는 이것을 '바른말'이라고 표현한다. 반면에 '허물이 있는 것', '상서롭지 못한 것'은 바르지 않다고 본다. 그래서 노자는 그것을 '반대말'이라고 표현한 것이다. 하지만 노자에게 바른말이나 반대말은 동전의 양면과도 같다. 그것은 하나의 상황을 구성하는 대립항이기 때문에 상황이 바뀌면 언제든지 바른말은 반대말로, 반대말은 바른말로 뒤바뀔 수 있다. 그러니 분별하고 구별하면서 자신만 옳다고 우기는 태도를 버려야 한다고 충고하는 것이다.

79장
하늘은 치우치지 않는다

큰 원한은 풀었다 하더라도 원한이 남게 마련이니 어찌 선(善)이 될 수 있겠는가? 그런 까닭에 성인은 빚 받을 문서를 갖고 있으면서도 남에게 갚을 것을 독촉하지 않는다. 덕이 있는 사람은 빚 받을 문서를 가진 사람 입장에서 덕을 베풀고 덕이 없는 사람은 세금 걷는 사람처럼 군다. 하늘의 도는 치우침이 없고 언제나 착한 사람 편에 선다.

'아예 없느니만 못하다'는 말이 있는데 첫 문장에 나오는 원한이 그렇다. 큰 원한은 아무리 풀어 버려도 깊게 패인 흔적은 남아 때때로 심사를 뒤틀어 놓으며 결코 온전한 선심(善心)으로 대할 수 없게 만든다. 그러기에 아예 남을 원망할 일도 원망 들을 일도 도모하지 말아야 한다.

공자도 《논어》에서 안성맞춤의 말을 했다. "내가 하지 않으려는 것을 다른 사람에게 강요하지 말라. 나라에도 원망이 없고 집에도 원망이 없어야 한다(己所不欲勿施於人 在邦無怨在家無怨)." 《성경》에도 같은 의미의 구절이 있다. "너희가 남에게서 바라는 대로 남에게 해 주어라. 너희가 만일 자기를 사랑하는 사람만 사랑한다면 칭찬받을 것이 무엇이냐? 죄인도 자기를 사랑하는 사람은 사랑한다."

인위적인 도모는 자의든 타의든 간에 오해를 낳을 공산이 크다. 오해는 불신을 낳고 불신은 반목을 낳고 반목은 다툼으로 이어져 서로에게 상처를 입히고 원한을 품게 한다. 반면에 천도에 따르는 삶은 오해의 여지를 아예 만들지 않는다. "자신의 것을 내어 주고도 갚기를 재촉하지 않는" 자세로 갚지 못하는 사람의 마음까지 헤아리기 때문이다. 하늘의 도는 이처럼 서로를 보듬는 마음이다. 그래서 언제나 선심일 수 있다.

80장

작은 나라, 적은 백성

나라는 작고 백성의 수는 적게 하라(小國寡民). 도구가 많이 있어도 쓸 일이 없게 하고, 사람들에게 죽음을 소중히 생각하게 해 먼 곳으로 이주하는 일이 없도록 하라. (그러면) 비록 배와 수레가 있어도 그것을 타는 일이 없을 것이고 비록 군대가 있어도 진을 칠 일이 없을 것이다. 사람들에게 다시 끈을 매듭지어 약속의 표시로 사용하게 한다. (그러면) 음식을 달게 먹고 의복을 아름답게 입고 자기 집에 편안히 거처하고 자기네 풍속을 즐기게 된다. 설사 이웃나라가 바라다 보이고 닭과 개의 우짖는 소리가 서로 들릴지라도, 사람들은 늙어 죽을 때까지 상대방과 오고가는 일이 없을 것이다.

이 장에서 노자는 자신이 살고 싶은 세상을 '소국과민(小國寡民)'이라는 말로 그리고 있다. 그런데 그 내용이 참으로 소박하기 짝이 없다. 유가나 법가 등 여타의 경세론이나 국가론은 대개 제도와 위계질서, 법체계를 이렇게 저렇게 세우자고 주장한다. 한술 더 떠 강병을 통한 부국을 내세우는 경우도 있다. 하지만 노자는 권력, 군대, 제도, 법률, 심지어 문명 가운데 그 어느 하나도 이상 국가의 조건으로 내세우지 않았다.

공자와 맹자도 큰 나라가 바람직하다고 보지 않았다는 점에서는 노자와 유사한 측면이 있었다. 하지만 작은 나라의 규모에 대해 대략 칠십에서 일백 리를 언급하는 등 노자와는 근본적으로 생각하는 바가 달랐다. 노자는 땅의 크기나 도구의 사용, 심지어는 문자의 사용까지도 불필요하다고 보았다. 서로 지척으로 느끼며 편히 지낼 수 있으면 그만일 따름이다.

나아가 나라들 사이의 세력 다툼 속에서 '목숨을 부지하고자 먼 곳으로 이주하는 일도 군대가 진을 칠 일도 없어야 한다.'라는 대목에서는 평화에 대한 의지가 뚜렷이 나타난다. "도구가 많이 있어도 쓸 일이 없게 하고, 비록 배와 수레가 있어도 그것을 타는 일이 없게 한다." "사람들에게 다시 끈을 매듭지어 약속의 표시로 사용하게 한다."라는 말 속에서는 무위자연의 삶에 대한 지향을 읽을 수 있다.

이 대목을 보면서 어떤 이들은 노자가 반문명 선언을 하고 있다거나 원시로의 회귀 의지를 표명한 것으로 이해하기도 한다. 하지만 이는 노자의 진의를 곡해한 것이다. 배와 수레가 있으나 더 이상 쓸 일을 만들지 말라는 뜻이요, 자신이 지닌 음식과 거처 그리고 의복에 만족하며 살라는 의미일 뿐이다. 더 이상 남의 것을 탐하지 말고 소박한 마음으로 자족(自足)하라는 말이다. 이는 노자가 일관되게 견지해 온 무위에 대한 의지요 자연에 대한 지향이다. 남의 땅을 넘보지 않고 자연이 허락한 처지에 맞춰 살면, 노자의 말대로 "설사 이웃나라가 바라다 보이고 닭과 개의 우짖는 소리가 서로 들릴지라도, 사람들은 늙어 죽을 때까지 상대방과 오고가는 일이 없을 것이다." 평화롭게 자족하며 이웃과 화목하게 사는 유토피아를 연상하게 만드는 장이다.

81장
아름다운 말은 미덥지 않다

미더운 말은 아름답지 않고, 아름다운 말은 미덥지 않다. 선량한 사람은 잘 따지지 않고, 잘 따지는 사람은 선량하지 않다. 잘 알고 있는 사람은 박식하지 않고, 박식한 사람은 알지 못한다. 성인은 쌓지 않으니 남을 위해 다 쓰지만 쓰면 쓸수록 더욱 풍족하고, 이미 남에게 다 주었지만 주면 줄수록 더욱 많아진다. 하늘의 도는 이로울 뿐 해가 되지 않는다. 성인의 도는 행할 뿐 다투지 않는다.

《도덕경》의 마지막 장이다. 하지만 《도덕경》이 차례를 따질 만한 내용이 아니기에 마지막이라는 표현이 무색하다. 그저 끝에 놓인 하나의 장일 따름이다. 아름다운 말은 꾸민 말이다. 그래서 노자는 '아름답게 치장한 말은 미덥지 않다.'라고 말한다. 공자도 "교묘한 말과 꾸민 얼굴을 한 사람들 중에는 어진 이가 드물다(巧言令色 鮮矣仁)."라며 이런 주장에 동의했다. 또한 "교묘한 말은 덕을 어지럽힌다(巧言亂德)."라고도 했다. 꾸며서 하는 말을 부덕한 언행으로 간주한 것이다.

왜 성현들은 이토록 꾸미는 말을 싫어하고 경계했을까? 대개 꾸미는 언사는 자신을 돋보이려는 의도나 자신을 감추려는 속내에서 행해지기 때문이다. 노자는 자신을 앞세우는 행동에 대해 여러 차례 그 옳지 못함을 지적했다.

스스로 내세우는 사람은 지혜롭지 못한 것이고, 자신이 옳다고 주장하는 사람은 밝지 못한 것이다. 공을 자랑하는 사람은 그 공이 무너지고, 자만하는 사람은 오래가지 못한다.(24장)

꾸미는 말은 독선과 교만을 담아 낸 말이기에 다른 사람의 진심 어린 동의도 이끌어 낼 수 없으니 그 효용이 오래가지 못한다. 노자는 인위적인 표현의 허실을 잘 알고 있기에 꾸미는 말뿐 아니라 말을 많이 하는 태도(多言) 또한 경계했다. "말이 많으면 궁지에 몰리니 그 알맞음을 지키느니만 못하다."라고 하거나 "그러므로 성인은 억지로 도모하지 않고 말을 앞세우지 않는 가르침을 행한다."라고 한 것은 미언(美言)과 다언(多言)이 인위, 즉 억지로 도모하는 말임을 명백히 함과 동시에 현명한 사람의 언행이 어떠해야 하는지를 밝힌다. '말을 앞세우지 않는 가르침'은 곧 자연을 의미한다. "자연은 (한순간도 쉼 없이 일하나) 말없이 행한다."라는 표현은 바로 그런 의미다. 하지만 노자가 권하는 것은 말을 말라는 것이 아니라 꾸미지 않는 자연스러운 언행을 하라는 것이다.

"선량한 사람은 잘 따지지 않는다(善者不辯)."라는 구절에 나오는 '따진다(辯)'는 말에는 '말을 잘한다'는 의미와 구분이나 분별을 잘한다는 의미가 같이 들어 있다. 이것을 적용해 보면 '선량한 사람은 함부로 구분 지으려 하거나 경쟁하려 들지 않는다.'라는 말에 다름 아니다. 물론 여기서 말하는 선량한 사람은 도에 따르는 사람이다. 그렇기 때문에 변설해 이쪽저쪽 편을 가르거나 차별하지 않고 자연의 순리에 따를 뿐이다.

이처럼 노자는 인위적인 차원에서의 언어나 지식들을 도리어 쓸모없다고 강조하면서 성인을 내세워 자신이 말하고자 하는 바를 강조한다. 성인은 내 것에 대한 집착이 없기 때문에 쌓아 둘 일 없이 자연스레 나누고 베푼다. 그래서 "성인은 쌓지 않으니 남을 위해 다 쓰지만 쓰면 쓸수록 더욱 풍족하고, 이미 남에게 다 주었지만 주면 줄수록 더욱 많아진다."라고 한 것이다. 성인처럼 말없이 자연의 도를 행하는 사람은 물처럼 모든 것을 내어 주면서도 그 공을 다투지 않는다. 그래서 "최상의 선은 물과 같다."라고 한 것이다.

《도덕경》, 무위자연의 세계로 가는 길

1. 도가 사상의 시대적 배경

(1) 춘추 전국 시대

노자와 장자의 사상을 중심으로 집대성되어 노장 사상이라고도 불리는 도가 사상은 춘추 전국 시대라는 혼란의 시기를 바탕으로 형성되었다. 여기서 춘추 전국 시대란 주나라 왕실이 새로운 나라를 세워 장안에 도읍했던 서주 시대를 마감하고 동쪽에 있는 낙양으로 수도를 옮기면서 개막된 동주 시대를 일컫는 이름이다. 이 중 100개가넘는 국가들이 영토 다툼을 벌였던 시기를 공자가 편찬한 편년체 사서 《춘추》의 이름을 따서 춘추 시대(BC. 770~BC. 403년)라 하고, 몇몇 대국들이 패자의 자리를 놓고 다투었던 기원전 403년에서 진나라가 중국을 통일한 기원전 221년까지를 전국 시대라고 한다.

서주 시대 중반까지만 해도 제후들은 천자에게 분봉 받은 영토를 다스리며 주나라 왕실을 떠받들었다. 하지만 이민족의 침입으로 주 왕실의 통제력이 거의 상실된 서주 시대 말엽부터 제후국들은 저마다의 부국강병책을 내걸고 세 확장에 뛰어들었다. 이어서 동주 시대가 개막되면서 춘추 시대가 되자 중국 전역은 약육강식의 거대한 전쟁터로 바뀌게 된다. 더 넓은 영토를 차지하기 위한 전쟁이 제후는 물론 이들의 가신이라고 할 수 있는 대부들에게까지 번져 심지어 대부에게 권력을 빼앗긴 제후들까지 생겨날 정도였다.

춘추 시대 초기에는 주나라 왕실이 관할하는 영토 이외의 땅을 100여 개가 넘는 제후국들이 나누어 통치했다. 하지만 얼마 지나지 않아 큰 나라들은 우세한 군사력을 앞세워 작은 나라들을 복속시키는 일이 빈번해졌고 결국 제후국의 수는 크게 줄었다. 이런 영토 겸병 전쟁을 통해 춘추 시대의 강자로 떠오른 나라들이 진(晉), 초(楚), 제(齊), 진(秦), 오(吳), 월(越), 노(魯), 송(宋), 정(鄭), 위(衛) 등인데, 이 중 초·노·정 세 나라는 고대 중국의 삼대 문화 중심지라는 평가를 받는다. 노나라에서는 공자가 인의를 앞세워 유가를 널리 알렸고, 송나라에서는 겸애와 근검 정신을 바탕으로 봉건 질서의 타파를 주장했던 묵자(墨子)가 활약했으며, 초나라에서는 노자에서 비롯된 도가 사상이 활발히 전개되었기 때문이다.

기원전 453년에 진(晉)이 한(韓)·위(魏)·조(趙) 삼국으로 분할된 것을 계기로 춘추 시대는 점차 막을 내리기 시작했고 강대국들의 영토 전쟁은 더욱 가열되었다. 이로 인해 작은 나라들은 거의 대부분 큰 나라에 병합되고 진(秦), 제, 초, 연(燕), 한, 위, 조 일곱 나라가 치열한 세력 다툼을 이어갔다. 이처럼 일곱 개의 대국으로 재편돼 진에 의해 통일되기까지 패권을 다투던 시기가 바로 전국 시대였다.

춘추 전국 시대에 제후나 귀족들은 부국강병을 위해 인재 발굴에 힘썼는데, 학문이나 지혜, 기술이 뛰어난 사람들을 빈객으로 받아들여 숙식을 제공하는 일이 일상화되기도 했다. 예를 들어 춘추 시대에는 제나라의 제후 환공이 관중과 포숙을 등용해 패자의 지위에 오르기도 했고, 전국 시대가 되면 제나라의 맹상군, 조나라의 평원군, 위나라의 신릉군 등 왕이 아닌 재상들조차 수천 명의 식객을 들인 후 이들의 도움으로 많은 공을 세우기도 했다. 그러므로 춘추 전국 시대가 열국이 세력 다툼을 벌이는 정치적 혼란기였음에도 불구하고 사상과 문화가 발전할 수 있었던 데에는 제후와 귀족들의 인재 우대 정책이 크게 기여한 배경이 있었다.

(2) 제자백가

제자라는 말은 제후들이 패권 다툼을 벌였던 춘추 전국 시대의 많은 학자 또는 선생이라는 뜻이며 백가는 이들이 주도했던 다수의 학파를 일컫는 말이다. 백가를 백 개의 학파가 아닌 그저 다수로 해석하는 까닭은 당시에 학파가 많았다 해도 그 숫자가 백 개에는 미치지 못했을 뿐 아니라 오늘날 제자백가로 분류되는 명가(名家), 법가(法家), 음양가(陰陽家) 등도 춘추 전국 시대가 지나고서야 비로소 그 이름이 등장했기 때문이다. 제자백가에 속하는 여러 학파의 이름을 세상에 널리 알린 인물은 전한(前漢) 시대의 학자인 유향(劉向, ?BC. 77~BC. 6년)과 그의 아들인 유흠(劉歆)이다. 이들 부자는 황제의 명에 따라 궁중 도서관에 소장된 여러 서적들을 정리하고 성격에 따라 분류, 기록하여 별록(別錄)과 칠략(七略)을 남겼다. 하지만 이 두 책은 모두 없어지고 단편적인 내용만이 반고(班固)가 지은 《한지(漢志)》에 실려 오늘날까지 전해져 오고 있다. 《한지》에는 고대에서 전한 시대까지의 각종 저작 및 학파와 관련된 내용이 수록됐는데 제자백가에 대한 내용은 〈제자략(諸子略)〉 편에 기록되어 있다.

〈제자략〉에는 백가 가운데 유가, 도가, 음양가, 법가, 명가, 묵가, 종횡가, 잡가, 농가, 소설가(小說家) 등 총 10종의 학파가 다뤄졌다. 이 중 마지막에 언급된 소설가의 소설은 오늘날 우리가 읽는 소설이 아니라 항간에 떠도는 하찮고 사소한 소문이라는 뜻이다. 따라서 제자백가를 대표하는 사상을 거론할 때 소설가는 하나의 학파라 보기 어려워 이를 제외한 아홉 사상을 묶어 구류 백가(九流百家)라고 부르기도 한다. 이처럼 제자백가에 속하는 학파의 명칭은 유흠의 저서에서 기원한 것이며, 실제로 많은 사상가들의 활동이 활발하게 전개됐던 춘추 전국 시대 당시에는 법가나 명가와 같은 명칭은 존재하지 않았다. 실제로 춘추 전국 시대부터 존재했던 백가라 불리는 학파는 유가, 묵가, 병가뿐이며 도가라는 명칭조차도 전한 시대 초기에 등장했다.

하지만 춘추 전국 시대 당시에 구류 백가 가운데서도 가장 두드러진 활약을 펼친 학파를 꼽는다면 단연 유가와 도가였다. 유가는 주지하다시피 인의와 예악을 앞세워 주의 봉건 제도를 부흥시키고자 했던 공자에서 비롯된 학파다. 이에 비해 노자가 창시한 것으로 알려진 도가는 시회의 혼란과 사람들이 겪는 불행이 인간 중심의 그릇된 가치관 때문이라고 주장하며 무위자연을 통해서 얻을 수 있는 자유와 평화를 강조했다. 유가와 도가 사상은 춘추 시대에 형성되어 전국 시대로 접어들면서 더욱 발전하게 되는데 이때 두드러진 활약을 펼친 사상가로는 유가의 맹자와 순자, 도가의 장자와 열자가 있다. 이 밖에도 많은 사상가들이 치세·경세론을 앞세워 각자의 이상을 정치적으로 실현시켜 보고자 애썼는데, 그 가운데서도 특히 겸애와 평등의 기치를 내건 묵가의 묵자와 법에 의한 엄정한 통치를 주장했던 법가의 한비자 등의 활약이 두드러졌다.

춘추 전국 시대는 미래를 예측할 수 없는 혼란기였으나 사상가들이 뜻을 펼치기에는 더없이 좋은 시절이기도 했다. 어쩌면 사상가들은 자신들의 신념과 구상대로 군주를 움직여 정책을 펼칠 수가 있었고 더 나아가 제후국 간의 패권 다툼에도 영향력을 행사할 수 있었다. 이러한 가능성이 사상가들의 적극적인 활동을 이끌어 내, 이들로 하여금 다양한 사상 체계와 많은 저작을 양산하게 했다. 또한 각국의 제후들은 제자들을 기꺼이 맞아들여 상객(上客, 상좌에 모실 만큼 중요하고 지위가 높은 손님)으로 대우하며 그들이 주장하는 경세론을 경청했다. 이름이 높은 사상가들이 이처럼 제후들에게 빈객으로 대접받을 수 있었던 까닭은 제자들에 대한 극진한 예우가 제후 자신의 명예는 물론 세의 확장을 가져다줄 것으로 믿었기 때문이다.

제자백가의 사상이 중국 사상의 연원이 될 수 있었던 배경에는 이와 같은 역사적 사실이 자리 잡고 있다. 하지만 전국 시대를 종결시키고 통일 국가를 수립한 진(秦)의 사상 탄압과 그 뒤를 이은 한(漢)의 유학 장려 정책을 겪으며 제자백가의 활약은 크게 위축되지 않을 수 없었다. 통일 국가는 다양한 사상이 서로 논쟁하고 선전하는 것보다 하나의 사상을 통해 질서 정연한 체계를 세우기를 원했기 때문이다.

(3) 도가의 성립

흔히들 도가라고 하면 노자와 장자를 떠올린다. 하지만 두 사람이 도가의 전부는 아니다. 도가의 사람들은 자신을 드러내지 않으려는 은자적(隱者的) 성향의 인물들이었기에 실명으로 거론되는 이들이 이 둘 외에 거의 없을 뿐이다. 설령 도가와 관련된 저작에서 거명됐다 해도 대개는 가공의 인물이거나 가명일 가능성이 높았다. 따라서 도가 사상의 확립에는 노자와 장자 이외에도 여러 사람의 사상이 개입되어 있다는 사실을 알아야 한다.

이런 은자들에 관한 이야기는 유가의 저작인 《논어》를 비롯해 춘추 전국 시대의 여러 저작에 다수 들어 있는데, 이들의 공통점은 초(楚)나라 사람들이라는 점이다. 이는 춘추 시대 초나라에는 전통적인 한족 문화와는 달리 인위에서 벗어나 자연스러운 자유를 지향하는 도가 사상이 유행하고 있었음을 짐작게 한다. 노자는 아마도 이들 가운데 가장 두드러졌던 인물이거나 도가 사상을 체계화하는 데 주도적인 역할을 했던 인물이었을 것으로 추측된다.

도가를 창시한 인물은 춘추 시대 사람인 노자이고 이를 계승해 더욱 발전시킨 인물로는 예외 없이 전국 시대 인물인 장자가 꼽힌다. 하지만 도가는 노자 이전부터 형성되기 시작해 춘추 시대 초나라에서 널리 유행하던 사상이라고 보는 것이 대다수 학자들의 견해다. 제자백가에 대해 체계적으로 기록했다는 평가를 받는 반고의 《한서》〈예문지〉에 실린 관련 내용을 보자.

　　도가류의 사람들은 대부분 사관(史官) 출신들이다. 정치의 성공과
　　실패, 나라의 흥망성쇠, 세상의 행복과 불행 등에 관한 이치를 기

록하다가 마침내는 그 요체를 깨닫게 된다. 근본을 깨달아 스스로를 비우고 낮고 약한 처지를 받아들이니 군주의 통치술도 이와 다르지 않다고 여긴다. 도가류의 이러한 처신은 요임금이 순임금에게 왕위를 물려준 것이나 《역경(易經)》에서 말하는 겸손의 덕에 부합되는 태도로서 이들의 장점이라 할 만하다.

반고가 도가 사상가들의 대부분이 사관 출신임을 밝히고 요임금의 선양과 《역경》의 내용을 들어 도가가 추구하는 바를 밝힌 대목에서 도가 사상이 발생한 시기가 적어도 노자 이전이었음을 확인할 수 있다. 반고가 지은 《한서》〈예문지〉 외에도 중국에서 가장 오래된 경전인 《시경(詩經)》과 《서경(書經)》에도 부드러움과 약함을 지향하는 도가적인 표현이 여러 군데 실려 있다.

그대의 위엄 있는 몸가짐을 공경히 하여 부드럽고 훌륭하지 않음이 없기를…….
　　　　　　　　　　　　　　　　　　－《시경》〈대아(大雅)〉

아름답고 부드럽고 매우 공손하시어, 낮은 백성들을 아끼고 보호하셨다.
　　　　　　　　　　　　　　　　　　－《서경》〈무일(無逸)〉

이처럼 노자 이전 시대의 기록을 통해 보면 도가 사상은 노자 이전부터 있었던 사유 방식의 일부가 노자를 위시한 도가류의 사상가들과 만나 정형화됨으로써 제자백가의 유력한 학파가 되었을 것으로 추정할 수 있다. 춘추 시대 노나라에서 공자라는 사상가가 나타나 인의와 예악을 앞세워 유력한 유학 사상을 이룩하자 이와 다른 입장에 있던 남방 초나라에서는 이를 비판하며 무위와 자연의 소박한 덕을 주장하며 도가 사상이 확립된 것이다.

(4) 도가와 도교

동양을 대표하는 전통 사상을 말할 때 흔히들 유·불·도 3교라는 표현을 쓴다. 이 가운데서 도교라는 명칭에는 '철학적인 도가'와 '종교적인 도교'라는 의미가 포괄되어 있다. 흔히 도가라는 명칭으로 쓰일 때는 노자와 장자의 사상을 근간으로 하는 철학을 말하는 것이며, 도교라는 호칭에는 여기에 민간 전래의 신앙이 보태진 종교라는 의미가 강하다. 하지만 도교 사상이라고 하듯이 우리가 도교를 이야기할 때는 종교로서의 의미가 아니라 종교와 철학을 아우르는 의미로도 쓰이기 때문에 이를 분명하게 구별할 필요가 있다.

철학으로서의 도교, 즉 노장 사상이라고도 불리는 도가는 한나라 시대로 넘어오면서 도교의 기초가 되었을 뿐만 아니라 위진(魏晉, 후한 말 삼국 시대의 중심국이던 위나라와 위나라를 이어받아 삼국을 통일한 진나라를 일컫는 말) 시대부터 문학과 예술 분야에까지 많은 영향을 끼치며 중국 사상의 원류로 성장하기에 이른다. 이는 후한 말부터 사회가 다시 혼란스러워지면서 삼국 시대와 같은 전란의 시대로 들어가자 지식인들이 도가에서 자신들의 정신적 위안을 찾았기 때문이다. 이후 도가 사상은 유교에 대한 비판적인 입장과 자유분방한 주장들로 인해 유교가 주도했던 중세에 와서는 비주류 지식인들에게 커다란 위안이 되며 이어져 왔다고 하겠다.

종교로서의 도교는 노장 사상에 전래의 민간 신앙이 결합돼 후한 말 태평도와 오두미도라는 교단이 성립되면서 본격적인 면모를 갖추게 되었다. 이후 당나라 때에는 국교로까지 받아들였으며, 불교로부터 자비의 윤리와 민중 구제의 교설을 받아들여 불교 못지않은 세력으로 성장하기도 했다. 당나라 초기 이 같은 흐름은 이웃나라인 고구려까지 전해져 도교가 동아시아를 대표하는 종교 가운데 하나로 자리 잡는 계기가 되기도 했다.

형이상학적인 내용이 많은 불교가 중국에 뿌리내리는 과정에 그와 유사한 측면이 많았던 도교 사상의 도움이 컸다면 도교가 동아시아의 유력한 종교로 성장하는 데는 역으로 불교와 유교의 영향이 컸다. 송나라 시대 이후 불교계는 천태종, 선종 등과 같이 대중과 함께 깨달음에 도달하려는 실천과 즉각적인 깨달음에 도달하려는 수행을 중시하는 교단이 우세했으며, 유교계 또한 몸가짐을 단정하게 하면서 사물의 이치나 우주의 원리를 탐구하는 존양 성찰과 거경 궁리 등 수양론을 앞세운 성리학이 주류였다. 도교 역시 이 같은 불교와 유교 사상과 서로 영향을 주고받으며 유·불과의 이론적 융화를 시도했고 포교 과정에서는 민중 구제의 상격이 강한 선행을 강조하며 지지 기반을 넓혀 갔다.

이렇게 동아시아 사회에 뿌리내린 도가와 도교의 공헌은 인간과 자연의 조화를 추구하는 세계관을 통해 생태주의와 안분지족의 삶을 살도록 권하는 것으로 그치지 않는다. 장수를 위한 다양한 시도와 이론적인 모색은 의학의 발전을 가져왔으며, 불사를 위한 약 제조 과정에서는 화약이 발명되기도 했다. 또한 현대 사회에서도 각광받고 있는 수련법인 단전호흡, 기공, 태극권 등도 도교에서 유래된 심신 수양법들이다.

심지어 도가 사상과 도교는 현대 사회에 들어와서는 동양과 서양을 불문하고 더욱 많은 사람들의 각광을 받고 있다. 개발과 성장에만 매달리다 환경오염과 빈부 격차라는 부작용으로 인해 심한 몸살을 앓고 있는 현대 사회에서 노자의 인위를 거부하는 무위자연의 철학과 장자의 자연과 인간의 차별을 부인하는 평등사상인 만물 제동설은 새로운 대안처럼 인식되고 있기 때문이다.

2. 노자와 그의 시대

(1) 노자는 어떤 사람인가?

노자라는 인물과 그의 삶을 밝힌 사료로는 사마천의 《사기》〈노장
신한열전〉이 가장 유력하다.

　노자는 초나라 고현(古縣) 여향(厲鄕) 곡인리(曲仁里)(허난성(河南省) 루
이현(鹿邑縣)) 사람으로 성은 이(李)씨, 이름은 이(耳), 자(字)는 백양(伯陽),
또는 담(聃)이며 주(周)나라 수장실(守藏室)에서 일하는 사관이었다.

　공자가 일찍이 노자를 찾아가 가르침을 청하자 노자는 공자의 생
각과 태도에 대해 인위로 규정하며 크게 꾸짖었다. 공자는 돌아와
서 주위 사람들에게 노자를 용에 비유하며 찬양했고 노자가 자신
의 능력을 숨기고 세상에 알려지는 것을 꺼렸다고 술회했다.

　노자는 오랜 세월 주에 머물렀으나 덕이 쇠퇴해지자 이를 통탄하
며 떠나기로 마음먹고 길을 나서 함곡관(函谷關)에 이르렀다. 그곳
에서 변경을 지키던 윤희를 만나 그의 청을 받아들여 도덕에 관한
5천여 자의 글을 남기고 떠났다. 그 뒤로 노자의 소식을 전하는 사
람이 없다.

사마천이 고금을 통틀어 위대한 역사가로 추앙받는 인물이기는

하지만 그가 지은 열전에 등장하는 노자에 관한 기록들은 유감스럽게도 그 진위를 확인할 만한 사료나 기록을 찾을 수 없다. 노자와 공자의 만남을 다룬 그의 기록이 사실이라면 공자와 관련 인물들의 언행이 기록된 《논어》에는 노자에 관한 언급이 조금이나마 있을 만도 하다. 하지만 《논어》에는 공자와 그의 제자들뿐만 아니라 당대의 정치가, 현자, 학사는 물론 은사(隱士)들에 관한 이야기는 있어도 노자에 대해서는 일언반구도 없다. 만일 사마천의 기록처럼 당대의 대학자인 공자가 찾아가서 가르침을 청할 정도의 인물이라면 유학자들에 의해서도 존숭되고 유가 경전에도 기록되었어야 마땅할 것이다. 하지만 유가에서 펴낸 경전에는 노자와 관련된 기록이 전무하다. 이같은 정황으로 미루어 볼 때 노자는 《논어》가 출간된 뒤에 활약한 인물이거나 가공의 인물일 가능성이 높다.

사마천은 노자의 실존 여부를 짐작하게 하는 몇 가지 기록을 덧붙이기도 했으나 그 진위 역시 의심스럽다. 그에 따르면 노자는 160세 또는 200세를 살았다고 한다. 가계는 위나라 장수였던 종이라는 아들을 비롯해 주, 궁, 가라는 이름의 후손들로 이어졌다고 한다. 그러나 《사기》에서 언급한 노자의 가계를 사실로 보는 데에는 무리가 따른다는 것이 학자들의 공통된 의견이다. 그래서 사마천이 살았던 시대에 이 씨라는 성을 가진 한 가문이 노자의 후예라고 주장하며 이런 내용을 전한 것이 아닌가라고 추정하고 있다.

노자를 연구한 많은 학자들은 노자라는 이름이 개인이기보다는 도가 사상의 맥을 이어 온 일군의 사람들을 통칭하는 것이라고 주장하기도 한다. 사마천이 전하는 또 다른 노자론에는 공자와 같은 시대 사람인 노래자(老萊子)가 등장한다. 노래자는 도가의 정신을 널리 알리고자 열다섯 권의 책을 펴냈는데 일부 사람들은 이 노래자가 바로 노자일 것이라고 추측하기도 한다. 또한 주나라의 태사(太史, 중국에서 기록을 맡아 보던 벼슬아치로 사관과 같은 말)였던 담(儋)이라는 사람이 진(秦)의 헌공(獻公)을 만나 '장차 진나라가 천하를 통일할 것'이라고 예언한 바 있는데 이 담이 곧 노자라는 견해도 있다.

하지만 이 같은 기록들에도 불구하고 노자의 생애는 정확히 알려져 있지 않은데 이는 아마도 노자가 은자(隱者)였기 때문일 것이다. 은자들은 은둔 생활을 하며 인위가 아닌 무위의 삶을 지향했다. 어떤 의도를 가지고 세상의 흐름과 사람들의 생각을 변화시키려 하기보다는 자연이 그러하듯 저절로 순화되기를 원했다. 노자가 만일 생존 인물이라면 이러한 은자로서의 태도 때문에 그의 삶의 흔적들이 묻혀 드러나지 않았을 것으로 짐작된다.

노자가 가공의 인물일 것이라는 근거로 《도덕경》에 자왈(子曰)로 시작되는 문장이 없다는 사실을 들기도 한다. 《논어》와 《묵자》에서는 자왈 혹은 자묵자왈(子墨子曰)이라는 표현을 통해 스승의 언행을 기록한 책이라는 사실을 분명히 밝히고 있다. 하지만 《도덕경》에는 자왈이라는 표현이 전혀 없다. 이는 《도덕경》이 《논어》나 《묵자》처럼 노자의 제자들이 기록한 책이 아니라는 사실을 나타낸다. 공자가 찾아가서 가르침을 청할 만큼 노자의 학문적 그늘이 크고 짙었음에도 불구하고 그를 수행하며 언행을 기록으로 남긴 제자가 한 사람도 없었다는 사실은 당시의 학문 풍토를 감안했을 때 도저히 납득할 수 없는 일이라는 것이다. 따라서 노자가 가공의 인물이라는 학설은 나름의 타당성이 있다고 볼 수 있다.

(2) 도가 사상의 중흥조 장자

노자를 계승해 도가 사상을 중흥시킨 인물로 알려진 장자 또한 노자와 마찬가지로 베일에 싸인 존재이기는 마찬가지다. 그 또한 자유롭게 살아가며 세상에 이름을 드러내는 것조차 부질없다고 생각했던 은자였다. 장자에 관한 기록 역시 사마천이 지은 《사기》 〈노장신한열전〉에 전하는 235자가 전부다. 따라서 장자의 삶을 알고자 한다면 장자의 저작을 더듬어 보는 것이 가장 나은 방법일 수밖에 없는 것이 현실이다.

《사기》에는 장자가 송나라 몽(蒙, 지금의 중국 하남성 상구시 북동) 출생으로 이름은 주(周)이고, 자는 자휴(子休)며 기원전 370년경에서 280년 무렵의 사람이라고 적혀 있다. 전국 시대 유가를 대표하는 맹자와 같은 시대 인물이었던 것으로 추정된다.

앞에서도 나왔듯이 장자가 살았던 전국 시대는 전란으로 인해 세상살이가 매우 각박했다. 국가 간에는 속임과 다툼만 난무했고 인간들 사이는 모략과 배신이 횡행했다. 장자는 이 같은 시대에 편승해 개인의 잇속을 챙기기보다는 자유인의 삶을 택했다. 옻나무 밭을 관리하는 하찮은 관직에 잠시 머물렀던 일 외에는 일체 생계를 위한 수단으로 관직을 구하지 않았다. 인위적인 사고와 제도를 거부하고, 자연의 흐름에 따르는 자유분방한 삶을 선택한 것이다.

자유인답게 생계에 얽매이지 않았던 탓에 장자는 삶의 대부분을 가난 속에서 보냈으며 낚시와 땔감 등을 생계의 방편으로 삼아 겨우 연명했다. 하지만 장자는 가난하다고 비관하거나 물욕을 드러내지 않았다. 물질적 소유보다는 자유인으로서의 소요(逍遙, 자유롭게 이리저리 슬슬 거닐며 돌아다님)를 선택했기 때문이다. 장자의 자유분방한 사고는 예법에 대한 비판적인 태도에서 잘 나타난다. 예의범절도 결국 인간이 만든 인위적인 틀에 불과하며, 자유로운 삶을 지향하는 입장에서는 장애와 구속일 뿐이라는 것이 그의 생각이었다. 이러한 맥락에서 본다면 장자가 노자에 비해 공자를 비롯한 유가 사상가들을 보다 강하게 비판한 것은 어쩌면 당연한 처사라고 볼 수 있다.

장자는 노자보다도 한 걸음 더 나아가 사람도 자연의 일부이므로 자연으로 돌아가 살아야 한다고 생각했다. 노자가 사람의 세계와 자연의 세계가 조화되는 것을 주로 주장했다면 장자는 아예 인위적인 것 자체를 없애야 한다는 입장으로까지 나아갔다. 그래서 그는 사람이든 자연의 사물이든 모두 고유한 가치를 가진 존재이며 평등하다고 주장하는 만물제동설을 내세웠다. 노자가 인간 세상의 삶을 인정하고 그 삶의 방식을 자연의 이치에 맞게 무위자연하라고 주장했다면, 장자는 오직 자연의 이치를 따르는 것만이 인간 사회를 정화할 수 있다고 본 것이다. 그래서 그는 인간의 삶과 죽음을 낮과 밤에 비유하며, 사는 것은 '천행(天行, 하늘의 뜻에 따르는 행위)'이라 하고, 죽는 것을 '물화(物化, 자연으로 돌아감)' 혹은 '현해(懸解, 삶과 죽음, 고통과 기쁨을 초월함)'라고 불렀다. 그의 견해대로라면 죽음이란 자연의 일부로 태어나 하늘의 뜻에 따라 살다가 자연으로 되돌아가는 것이다. 따라서 삶에만 매달리고 죽음을 거부하는 태도는 자연의 이치를 거스르는 일이다. 이런 장자의 생사관은 아내의 죽음을 대할 때에도 예외가 아니었다. 조문하며 슬퍼하는 문상객들 앞에서도 그는 큰 소리로 노래를 부르기까지 했는데, 그의 이러한 행동을 나무라는 사람들에게 "자연에서 나서 자연으로 돌아감은 당연한 일이니 오히려 기뻐해야 할 일이다."라고 말하기도 했다. 그의 죽음을 앞두고 후한 장례로 모시려는 제자들을 꾸짖었다는 일화도 장자의 생사관을 이해하면 납득이 가고도 남는다.

전하는 기록만 가지고서는 장자의 삶과 사상을 자세히 들여다볼 수 없다. 그러나 자세한 기록으로 만날 수 있는 사상가들에 비해 장자의 삶과 사상에 대한 인상이 선명한 까닭은 그의 자유분방한 행동과 소신 탓이다. 문명의 진보에 기여했음을 자랑스러운 업적으로 여기는 여느 사상가들과 달리 장자는 대자연에서 노니는 자유인으로서의 일관된 삶을 살았다.

(3) 노자와 공자

중국 사상을 대별할 때 도가와 유가로 나누어 대비시키는 시도가 적지 않다. 도가와 유가가 중국 사상에 끼친 영향이 다른 사상들에 비해 클 뿐만 아니라 두 사상이 지향하는 바가 뚜렷이 대비되기 때문에 함께 그러한 것으로 추측된다. 혹자는 유가 사상을 문명의 진보를 획책하는 나아감[진(進)]의 철학으로, 도가 사상을 자연으로의 회귀를 추구하는 돌아옴[귀(歸)]의 철학으로 규정하기도 한다. 두 사상의 성격이나 지향하는 바를 비교하면 충분히 납득이 되는 표현이다. 또한 두 학파를 대표하는 노자와 공자의 언행과 삶의 궤적을 기록으로 접하면 이러한 대비가 더욱 설득력 있게 전해진다.

노자와 공자로 대표되는 도가와 유가의 뚜렷한 대비는 춘추 시대의 혼란상에 대한 원인 진단과 처방의 차이에서 비롯되었다. 춘추 시대는 세력 다툼으로 인한 갈등이 극에 달해 윤리가 유명무실했던 사회였다. 유향은 이 같은 시대상을 《전한서(前漢書)》에 다음과 같이 실었다.

신하가 왕을 죽인 경우가 36회, 나라가 망한 일이 52회였으며 제후가 나라를 보전하지 못해 도망한 경우는 헤아릴 수 없이 많았다.

노자와 공자의 등장에는 이 같은 패륜의 시대상이 배경으로 있었다. 하지만 어긋난 인륜 앞에서 두 사람의 대응 방안은 전혀 다르게 나타났다. 노자는 인위적인 노력이 혼란을 부추긴다고 생각하고 자연성의 회복을 추구한 데 비해 공자는 인의와 예악을 앞세워 사회 질서를 바로잡으려 했다. 하지만 두 사람의 태도가 전혀 접점을 기대할 수 없는 대척점으로만 이해하는 것은 지나친 비약이다. 공자의 언행을 기록한 《논어》〈태백(泰佰)〉에는 "천하에 도가 있으면 나가되 천하에 도가 없으면 숨으라."라는 구절이 있다. 노자가 선택한 처세와 흡사하다. 이는 노자와 공자의 처세와 사상이 평행을 이루는 듯해도 만나는 지점이 있다는 사실을 입증하는 대목이기도 하다.

노자가 인의와 예악을 질타한 까닭은 형식과 위선 때문이지 참된 인의예악을 배척한 것은 결코 아니었다. 《주역》에 "천하의 진리는 하나지만 여러 가지로 달리 생각될 수 있고, 최후의 목적지는 한곳이지만 그곳에 이르는 길은 여러 갈래일 수 있다."라는 말이 있다. 도가와 유가를 이끌었던 노자와 공자의 경우도 마찬가지다. 이 두 사상의 접점이 바로 중국 사상의 가장 중요한 본질이자 근원일 수도 있다. 단지 노자와 공자는 자연인가 인간 세상인가라는 논제를 놓고 서로 다른 방점을 찍으려 했고 그 과정에서 문명을 향한 나아감의 철학과 자연으로 돌아옴의 철학으로 다른 궤적을 그렸을 뿐이다.

3. 《노자》로도 불리는 《도덕경》은 어떤 책인가?

《도덕경》의 저술과 관련하여 가장 널리 알려진 이야기도 사마천의 《사기》가 그 출전이다. 이야기 속으로 들어가 보자.

노자는 초나라 사람으로 주나라 왕을 섬겼으나 머잖아 주나라가 멸망할 것을 알고 은신처를 찾아 주나라를 떠났다. 한참의 여정 끝에 진(秦)과의 국경인 함곡관에 이르렀을 때 관문을 지키는 윤희라는 인물이 노자를 알아보고 가르침을 청했다. 이에 간청을 못 이긴 노자가 5천 자의 글을 지어 전하는데 이 글이 바로 《도덕경》이다. 그 후 노자는 홀연히 종적을 감추었고 그의 행적에 대해서는 전해지는 바가 없다.

《노자》혹은 《노자 도덕경》으로도 불리는 《도덕경》은 〈도경〉인 상편 37편과 〈덕경〉에 해당하는 하편 44장으로 이루어진 책으로, 사마천은 노자의 저작이라고 밝히고 있다. 그러나 앞에서도 말했듯이 노자가 실존 인물일 가능성이 희박하기 때문에 한 사람이 쓴 책이라기보다는 무위자연의 삶을 살고자 했던 여러 사상가들의 견해를 엮어 기원전 3~4세기 무렵에 출간된 것으로 추정된다. 《도덕경》의 내용을 자세하게 살펴보면 어떤 장은 문체나 내용에서 서로 다른 점이 있어서 여러 사상가의 주장이 혼재된 것으로 판단되기 때문이다. 그런데 상·하로만 나누어 있던 《도덕경》은 훈고(訓詁)와 사장(詞章)의 학문적 경향이 강했던 한나라 시대에 이르러 장(章)과 절(節)의 체계를 갖추게 되어 오늘날 우리가 읽는 책과 같이 구성되기에 이른다.

그런데 이렇게 한나라 시대부터 근대까지 널리 읽히며 전해지던 《도덕경》이 과연 노자 시대의 원래 저작인가라는 문제가 제기된 것은 1973년과 1993년에 발굴된 새로운 판본들이 등장하면서부터였다. 이 가운데 가장 오래된 판본이자 전국 시대의 것으로 추정되는 것은 곽점(郭店)에 있는 초나라 묘에서 1993년에 발굴된 죽간본(竹簡本)이다. 죽간본은 총 36장 1,741자로 구성되었는데, 이는 우리가 알고 있는 《도덕경》이 5천여 자로 이루어져 있음을 감안할 때 3분의 1에 해당하는 분량이다. 그래서 학자들은 죽간본이 교육적 목적을 위해 내용의 일부만 발췌한 것이라고 판단하고 있다. 즉, 5천여 자의 원본에서 교육에 유용한 주제를 가려내 편찬된 판본일 가능성이 높다는 것이다. 분량이 적을 뿐만 아니라 1장 "도가도 비상도(道可道 非常道)", 5장 "천지불인(天地不仁)", 8장 "상선약수(上善若水)", 80장 "소국과민(小國寡民)" 등과 같이 형이상학적이거나 정치적인 주제를 다루는 장이 상당수 빠져 있기 때문에 이를 둘러싸고 논쟁이 일어날 수밖에 없었다. 일부 학자들은 그 이전에 발견된 백서본(帛書本)이 오늘날 전해지는 판본과 그 내용 면에서 상당 부분 일치하기 때문에 그것이 장자에게 전해져 반유가적인 성격을 띠며 노장 사상을 대표하는 경전으로 자리 잡은 데 비해 반유가적인 특성이 전혀 나타나지 않는 죽간본이야말로 노자의 원래 목소리에 가장 가깝다고 주장하기도 한다. 장자를 비롯해 한비자, 왕필 등이 남긴 노자 관련 글들은 예의와 지적 소양을 중시하는 유가와 달리 현상의 배후를 주로 논하는 형이상학적 성격이 짙었다. 반면 전국 시대의 것으로 추정되는 노자 사상에 대한 해설 서적들에는 대부분 유가의 입장과 크게 배치되지 않고 있어서 반유가적이거나 현학적인 백서본과는 그 성격이 다르다는 점도 크게 작용했다. 하지만 죽간본 자체가 《도덕경》 전체를 담고 있지 않아서 이런 주장을 반박하는 학자들도 많았다. 그러니 아직은 이런 논란 자체가 현재 진행형일 수밖에 없는데, 어쩌면 또 다른 판본이 발굴되어 나오기 전까지는 누구도 정확하지 않을 수밖에 없다. 이런 논란에도 불구하고 죽간본은 노자와 가장 가까운 시대의 판본이라는 점 때문에 학술적 가치를 인정받고 있다.

백서본은 죽간본보다 편찬 년대는 한참 뒤이나 발굴 시기는 다소 앞섰다. 죽간본보다 20년 앞선 1973년 마왕퇴(馬王堆)의 한나라 묘에서 발굴된 백서본은 죽간본과 편제는 물론 내용 면에서도 큰 차이가 있다. 다시 한 번 주지하면 총 36장으로 구성된 죽간본에 비해 백서본은 오늘날 널리 읽히는 판본과 같은 편제인 총 81장으로 구성되어 있고 내용 면에서도 도가의 입장이 충실히 반영된 반면 유가와는 상반된 경향성을 분명히 드러내고 있다.

한나라 문제(文帝)의 묘로 추정되는 유적지에서 여러 유물들에 섞여 발굴된 백서본은 이름 그대로 비단에 쓴 글인데 그것도 두 벌이나 발견되었다. 두 벌 중 시대가 조금 앞선 것으로 추정되는 것을 편의상 '백서 갑본(帛書甲本)'이라 부르고 다른 한 벌은 '백서 을본(帛書乙本)'이라고 부르는데, 갑본과 을본은 동일한 장소에서 발견됐음에도 불구하고 어휘나 문장 구조에서 많은 차이를 보였고 글자체도 달랐다. 갑본이 전서(篆書)와 예서체(隸書體) 사이에 유행했던 소전체(小篆體)로 기록된 데 비해 을본은 예서체로 쓰였다. 이런 정황을 분석해 보면 갑본과 을본 사이에는 대략 25년 정도의 시간차가 존재한다는 것이 연구자들의 중론이다. 그 밖에도 백서본은 오늘날 널리 읽히는 《도덕경》과는 편제 면에서도 차이가 있다. 오늘날의 《도덕경》은 전반부는 〈도경〉, 후반부는 〈덕경〉으로 구성되어 있지만 백서본은 경 대신 편(篇)이라는 표현을 썼으며 순서도 〈덕편(德篇)〉을 앞에 두고 〈도편(道篇)〉을 뒤에 두었다. 말하자면 《도덕경》이 아닌 《덕도편》인 셈이다. 이 같은 몇 가지 차이에도 불구하고 백서본은 오늘날 널리 읽히는 《도덕경》의 내용을 거의 모두 담고 있는 가장 오래된 판본이라는 데 의의가 있다.

이렇게 죽간본, 백서본이 발굴되면서 도덕경에 대한 새로운 해석이나 주석이 더욱 풍부해졌지만 오늘날 가장 널리 읽히는 판본은 여전히 한나라 때 하상공(河上公, 한문제 때의 전설적인 인물로 '황하가에 사는 사람'이라는 의미로 하상공이라 불림)이 주석한 판본과 위나라 때 왕필(王弼)이 주석한 판본이다. 엄밀히 말하면 하상공본과 왕필본은 해설서라 할 수 있는데 두 책은 모두 백서본을 근간으로 해석을 시도했다고 볼 수 있다. 하지만 두 판본이 지향하는 바가 서로 다르다는 사실은 책의 내용을 통해 확연히 드러난다. 하상공본이 주로 양생법과 건강, 수명 연장의 측면에서 도덕경을 다룸으로써 "정연한 이론의 전개보다는 실천적 성격이 강하다."는 평을 듣는 데 비해 왕필본은 주로 존재의 배후에 대한 형이상학적 해석을 시도하여 현학적인 면이 두드러진다.

중국 역사에서 춘추 시대 이래 오늘날까지 이어져 온 《노자》는 그 알려진 주석만 해도 300종이 넘는다. 그중에서도 오늘날 널리 읽히는 《노자》 관련 저술들은 거의 대부분 '왕본' 혹은 '금본'이라고도 불리는 왕필본을 근거로 하고 있다. 왕필본이 노자 연구에 가장 적합한 텍스트로 인정받게 된 배경은 앞서 언급한 철학서로서의 학술적 가치와 아울러 노자와 왕필이 처했던 시대적 상황의 유사성을 꼽

을 수 있다. 노자가 생존했던 것으로 추정되는 춘추 시대 못지않게
왕필이 살았던 위·진 시대에도 전란이 끊이지 않고 일어났다. 이런
혼란기였기 때문에 견고하게만 여겨졌던 기존의 가치관과 질서의식
이 흔들리고 변화가 적극적으로 모색되었다. 이러한 시대 상황 속에
서 왕필은 유가, 법가, 묵가 등에 대해서는 근본을 외면하는 사상이
라고 비판한 데 비해 노자의 사상에 대해서는 무로써 근본을 삼는
제대로 된 사상이라고 호의를 보였다. 더구나 왕필은 노자의 의중을
가장 잘 반영했다고 평가되는 주석서를 저술함으로써 오늘날 가장
많이 읽히는 금본 《노자》가 이 세상에 나오게 되었다.

4. 노자 철학의 핵심 '도'

노자의 사상은 도에서 시작되어 도로 끝난다고 해도 지나치지 않
는다. 그래서 노자 사상을 집약적으로 드러낸 《도덕경》을 제대로 공
부하기 위해서는 노자가 내세우는 사상의 중심에 '도'가 있다는 사
실을 알아야 함은 물론 그 의미를 바르게 인식하는 것이 무엇보다
중요하다.

먼저 노자에 따르면 '도'는 그 의미가 비할 데 없이 넓고 깊을 뿐
만 아니라 실체가 없어 말로는 형용할 수조차 없는 개념이다. 사람

들은 도가 있다는 사실은 분명하게 알고 있다. 왜냐하면 조금만 깊이 생각해 보면 우주 만물을 움직이는 근본적인 이치가 있다는 것은 누구나 깨달을 수 있기 때문이다. 그러나 막상 도를 설명하려고 들면 막막하기 일쑤다. 그러니 도는 너무도 넓고 깊은 데다 무어라 표현할 수 없기에 형이상학적 실존이라고 말할 수 있다. 노자는 《도덕경》 1장에서 도에 대해 이렇게 표현하고 있다.

말로 표현할 수 있는 도는 진정한 도가 아니며, 붙여진 이름은 본래의 이름이 아니다. 이름이 없는 것에서 하늘과 땅이 시작되고, 이름이 있는 것에서 만물이 생겨난다.
그러므로 변함이 없는 무로써 그 오묘함을 보려 하고, 변함이 없는 유로써 움직임을 보려 한다. 이 둘은 같은 것인데 세상에 나와 이름이 달라졌을 뿐이다.
이와 같은 것을 일컬어 심오하다고 하는데, 참으로 심오하고 심오하니 그 깊고 그윽함에서 만물의 오묘함이 생겨난다.

"말로 표현할 수 있는 도는 진정한 도가 아니다."라는 구절에서 노자는 실체가 있으면서도 형이상학적인 존재인 도를 말하고 있다. "이름이 없는 것에서 하늘과 땅이 시작되고, 이름이 있는 것에서 만물이 생겨난다."라는 표현에서 도는 만물의 존재 근거이자 만물이 돌아가는 귀의처라고 볼 수 있는데, 그 형상을 구체적으로 드러내지 않기 때문에 무어라 표현할 수 없다고 했다. 그러면 도는 어떤 속성을 지니는가? 노자는 '상(常)'이라는 말로 그것을 설명하고 있다. 도의 진정한 속성은 '상도(常道)' 즉 '영원불멸하는 도'라는 것이다. 16장에서도 "본래의 운명으로 되돌아가는 것은 영구불변의 이치이며 이러한 이치를 아는 것이 밝은 지혜다."라고 말했듯이 '도'는 영원히 변하지도 없어지지도 않는 속성을 지니고 있다. 《도덕경》에 대한 또 하나의 권위 있는 해설서인 《한비자》〈해노〉 편에도 이를 뒷받침하는 견해가 실려 있다.

처음에는 왕성했다가 나중에 쇠약해지는 것을 '상(常)'이라고 해서는 안 된다. 천지가 생기기 전에도 있었고 천지가 사라져도 그대로 있는 것을 상이라고 한다. 상이라고 하는 것은 바뀌지 않는다.

그러면 도는 어떤 모습으로 존재하는가? 《도덕경》 14장에서 노자는 도의 모습을 이렇게 그리고 있다.

보려고 해도 보이지 않는 것을 이름 하여 이라 하고, 들으려 해도 들리지 않는 것을 이름 하여 희라 하며, 만지려 해도 만져지지 않는 것을 이름 하여 미라 한다. 이 세 가지는 끝내 밝힐 수가 없는데,

이는 하나로 뒤섞여 있기 때문이다.

그 위는 밝지 않고, 그 아래는 어둡지 않아 끊임없이 이어지니 무어라 이를 수 없으며 아무것도 없는 상태로 돌아간다. 이것을 형상이 없는 형상이라고 하니 아무것도 없는 모습이다. 이것을 일러 홀황이라 한다. 마중하려 해도 그 머리를 볼 수가 없고, 따르려 해도 그 뒷모습을 볼 수가 없다.

옛날의 도로써 현재의 일들을 다스린다. 도의 시초를 아는 것을 일컬어 도의 근본이라 한다.

도는 경험할 수 있는 사물과는 다르며, 형상에 머물지도 않는다. 형체가 없기에 색깔도 없으며, 소리 또한 없다. "보려고 해도 보이지 않고, 들으려 해도 들리지 않으며, 만지려 해도 만져지지 않는다."라고 하듯이 감각과 지각을 초월한 도의 실체가 짐작된다. 노자는 "사물은 그 형체를 볼 수 있으나, 도는 형체를 볼 수 없다."라고 했는데 이 같은 견해는 《주역》〈계사전(繫辭傳)〉에 나오는 "형체를 초월한 것을 도라 이르고, 형체 안에 머무는 것을 기라 이른다(形而上者謂之道 形而下者 謂之器)."는 말과도 일치한다. 도가 형이상학적 실존이자 실체라는 견해는 앞에서 인용한 본문 1장과 14장을 연결하면 보다 선명해진다. 즉 노자 사상의 핵심 개념인 '도'는 구체적인 형상이 아니라 형상이 없는 형상이기에 형이상학적 실체라 할 수 있으며 그것을 일러 홀황이라 부른다. 이처럼 형이상학적 실체인 도는 또 다른 차원에서 보자면 '원리로서의 성격'을 지닌 존재다. 신영복 교수는 그의 저서 《강의》에서 유가 사상을 문명의 진보에 역점을 두는 나아감의 철학이라고 했으며 노장 사상은 되돌아옴의 철학으로 설명했다. 그렇다면 어디로 갔다가 어디로 돌아온다는 말일까? 바로 자연에서 발원해 자연으로 돌아온다는 뜻이다. 즉, '도'를 되돌아올 '귀'로 해석함으로써 순환하는 자연의 질서가 곧 '도'라고 했으며, 만물은 이 순환하는 질서 안에 있다는 것이다. 이렇게 말할 수 있는 근거 속으로 들어가 보자.

마음을 끝까지 비우고 고요함을 꾸준히 지켜라. 만물은 어우러져 자라는데 나는 그것들이 다시 본래의 모습으로 돌아가는 것을 본다. 만물은 아무리 무성해도 각각 그 근본으로 되돌아간다. 근본으로 돌아가는 것을 일컬어 고요함이라 하고, 또한 이 고요함이 바로 존재가 돌아가야 할 운명이다.

본래의 운명으로 되돌아가는 것은 영구불변의 이치이며 이러한 이치를 아는 것이 밝은 지혜이다. 영구불변의 진리를 알지 못하면 거리낌이 없어져 해서는 안 될 짓을 하게 된다. 영구불변의 진리를 알면 널리 포용하고, 포용하면 공평하게 되고, 공평해야 세상을 온전케 할 수 있으니, 이것이 곧 자연의 이치요 도다. 자연의 이치에

따라야 오래갈 수 있고 수명이 다할 때까지 위태롭지 않다.(16장)

뿌리(根)는 만물의 시작점이자 만물이 되돌아오는 지점이다. 그래서 노자가 "만물은 어우러져 자라는데 나는 그것들이 다시 본래의 모습으로 돌아가는 것을 본다. 만물은 아무리 무성해도 각각 그 근본으로 되돌아간다."라고 한 것도 근본에서 시작해 근본으로 되돌아오는 순환 원리가 곧 도임을 밝히는 내용이다. 이런 내용은 40장에서 보다 선명히 드러난다.

근본으로 돌아간다는 것은 도의 움직임이요, 유약한 것은 도의 작용이다. 세상의 만물은 유에서 살고, 유는 무에서 산다.

노자는 "근본으로 돌아간다는 것은 도의 움직임이다."라고 말하면서 되돌아간다는 의미의 반(反)을 통해 사물이 발생해서 사멸되기까지의 순환이 곧 원리로서의 도라고 설명한다. 도에서 생겨난 만물은 근원으로서의 도에 복귀하며, 근원에서 다시 발생 단계를 거쳐 현상이 되는 과정을 반복하는데 이 같은 순환 과정과 원리가 모두 도로 귀착된다는 것이 노자의 주장이다.

또한 여기서 반이라는 단어에는 '되돌아옴'이라는 의미와 더불어 '상반되다'는 뜻도 포함돼 있다. 즉, 도는 처음으로 되돌아가는 순환의 원리를 지니고 있는 동시에 모순되어 대립되는 두 대립항의 결합으로 이루어져 있다는 말이다.

유와 무는 서로 살게 하고 어려움과 쉬움은 서로를 이루며 길고 짧음은 서로 견주고 높고 낮음은 서로에게 기울며 가락과 소리는 함께 어우러지고 앞과 뒤는 서로 따르니 이것이 세상의 변치 않는 이치이다.(2장)

《도덕경》에 따르면 인간 세상의 가치도 이와 마찬가지로 상대적으로 이루진 것으로 설명한다.

세상 모든 사람들이 아름답다고 여기는 것을 아름답다고 한다면 이는 추한 것이다. 세상 모든 사람들이 선이라고 여기는 것을 선으로 안다면 이는 선이 아니다.(2장)

노자는 인간 세상의 가치를 포함, 모든 사물에는 대립하는 속성이 있고, 이 같은 대립하는 속성이 사물을 이룬다고 생각했다(相反相成). 즉 노자는 도를 그릇에 비유하면서 두 개의 대립항들이 이 그릇 안에서 함께 존재하되 반대편에 서서 서로에게 순환하는 동시에 되돌아가는 존재 형식이라고 말한다. 인간에게 미치는 화와 복도 노자의 생각 안에서는 같은 속성으로 이해된다.

화 곁에는 복이 기대어 서 있고 복 속에는 화가 숨어 있다.(58장)

결국 도는 상반되고 순환하는 원리로써 자연의 운행을 이끌면서 만물을 그 속에 담고 있다는 것이 노자의 생각이다. 말하자면 도는 변화와 작용을 통해 만물을 낳는 존재의 그릇이면서 동시에 만물 속에 들어가 있는 근본 원리이기도 한 것이다.

도가 지니고 있는 세 번째 의미는 '도덕규범으로서의 성격'이다. 사실 형이상학적 실체의 도를 인식하기란 불가능한 일이나 규범적 역할을 수행하는 도의 기능을 인지하는 일은 그리 어렵지 않다. 노자는 도가 인간의 삶에 작용하여 나타나는 것을 덕(德)이라고 했다. 덕은 도의 작용이자 도가 현실에 적용되어 나타난 모습이다. 도는 체(體)이고 덕은 용(用)인 셈이다. 도가 자연의 운행 원리이자 사물의 존재 근거라면 덕은 모든 사물이 지켜야 할 규범이다. 따라서 도가 무위한 자연이라면 덕은 비록 인위를 포함하고 있기는 하나 무위로써 자연에 이르고자 하는 규범인 것이다. 노자의 설명 속으로 들어가 보자.

도는 만물을 보살펴 준다. 착한 사람에게는 보물이고 착하지 않은 사람조차도 지니고 있는 것이다. 아름다운 말은 시장에 모인 사람들도 알아들을 수 있고 기품 있는 행동은 사람들을 끌어모을 수 있으니 착하지 않은 사람이라도 어찌 버리겠는가?(62장)

앞에서 소개한 것처럼 도는 형이상학적이며 원리적인데 이러한 도가 현실에 적용될 때 규범으로써 작용한다는 사실을 여실히 드러내는 설명이다. 노자가 만물, 착한 사람, 착하지 않은 사람이라고 지칭한 것은 모두 존재를 가리키는 말이다. 노자의 설명에 따르면 도는 모든 존재의 근거일 뿐만 아니라 모두가 따라야 하는 규범이기도 하다.

노자는 규범으로서의 도의 역할에 덕이라는 명칭을 부여했다. 즉 도와 덕은 같은 것이나 단지 근본과 쓰임으로서 역할이 구분된다는 뜻이다. 다음 문장에는 노자의 도와 덕에 대한 견해가 잘 나타나 있다.

큰 도는 넓어서 사방에 미치지 않는 곳이 없다. 만물의 근원이요 의지처이나 그렇다고 말하지 않는다. 세상 만물을 낳는 공을 세우고도 이름을 내세우지 않는다.(34장)

앞 문장에서는 사물의 근원이 되는 도는 언제 어디서나 존재한다는 보편적인 성격을, 뒷 문장에서는 행위의 근본이 되는 도의 규범성 즉, 덕으로의 전화를 말하고 있다. 존재의 근원이자 운행 원리인 도가 인간의 행위에서는 덕으로 발휘되는데 이때의 덕은 자신을 드러내는 유위의 덕이 아니라 무위의 덕이다. 다음 글은 도의 쓰임인 덕의 특성을 구체적으로 표현하고 있다.

> 도는 만물을 낳고 덕은 만물을 기른다. 그래서 만물은 여러 형태로 나타나고 그 환경이 형성된다. 그런 까닭에 만물은 도를 존중하고 덕을 귀중하게 여긴다. 도를 존중하고 덕을 귀중하게 여기는 것은 누가 시켜서가 아니라 저절로 그러는 것이다. 그러므로 도는 만물을 낳고, 덕은 만물을 기른다. 만물을 키우고 자라게 하며, 안정시키고 편안하게 하며, 돌보고 키워 준다. 도는 만물을 낳지만 소유하려 하지 않고, 돌보지만 대가를 바라지 않고, 자라게 하면서도 지배하려 들지 않는다. 이것이 바로 심오한 덕이다.(51장)

낳으면서도 소유하지 않는 덕, 돌보면서도 대가를 바라지 않는 덕, 기르면서도 지배하지 않는 덕, 이것이 바로 심오한 덕 즉, 도의 작용이라고 노자는 말하고 있다.

이렇게 노자는 도를 자연이 지닌 이치나 존재 근거, 또는 만물이 그 속에서 순환하는 원리이자 존재 형식으로 파악한다. 그리고 도가 존재의 도덕규범으로서 작용하면 덕이 된다고 설명한다. 그러면 덕을 실현하는 방법은 무엇인가? 그것은 바로 인위적인 노력을 배제하라는 무위, 비우고 가라앉히라는 허정(虛靜), 부드럽고 여린 상태인 유약(柔弱), 다투지 말라는 부쟁(不爭), 낮은 곳에 머무는 거하(居下) 또는 처하(處下), 뒤에 머물라는 취후(取後), 사랑(慈), 절제(儉), 소박(樸) 등이다. 그러므로 노자가 《도덕경》에서 말하고자 하는 핵심 내용은 도라고 부르는 자연의 이치, 즉 자연이 지닌 무한한 생명성과 무위의 태도를 배움으로써 모든 존재의 다양성을 포용하고 서로 다른 존재와 조화롭게 사는 세상을 꿈꾸지 않으면 인간 사회의 분란과 혼란은 끊이지 않을 것이라는 경고라고 할 수 있다.

5. 《도덕경》의 현대적 의의

《도덕경》이 서양에 처음 소개됐던 18세기 후반부터 1990년대 초반까지 약 250여 종의 번역본이 나왔으며, 1995년 한 해 동안 약 90여 종의 도가류 서적이 출간된 것으로 집계되고 있다. 이 같은 현상은 아마도 《성서》를 제외하고는 비교 대상을 찾을 수 없을 만큼 독보적이라 할 만하다. 도가 사상이 유입된 후 200년 동안 서구인들은 도가 사상이 지닌 자연과의 친화나 조화에 이해와 공감의 폭을 확대시

켰기 때문이다. 이 같은 열기는 오늘날까지 이어져 전문 서적은 물론 대중들을 위한 교양서로도 널리 읽히고 있다.

노자나 장자의 글에 대한 폭넓은 공감의 확대는 비단 서양만의 일이 아니다. 유가 사상이 지배적인 이데올로기로 정착된 중세부터 동아시아에서 도가의 책은 이단으로 취급되면서 몰락한 지식인층이나 개혁을 꿈꾸던 이들이 몰래 읽던 금서였다. 그러나 근대 이후 유교 이념에 대한 반발이 확산되고 근대화 과정에서 발생한 사회적 갈등이 심화되면서 노자나 장자의 글은 새롭게 재해석되고 주목 받았다. 특히 오늘날처럼 자본주의 체제가 정착되면서 발생한 인간 소외와 환경오염, 자연 파괴와 자원 고갈로 전 인류적인 위기가 닥치자 인류는 그 대안의 모색에 나서기 시작했다. 그 결과 노자와 장자의 사상은 새로운 대안을 제시하거나 지친 현대인의 마음을 위안하는 것으로 인식되기에 이른다. 오늘날 한국 사회에서도 《논어》만큼이나 《도덕경》이나 《장자》가 각광받는 것도 그런 이유에서다. 문명의 진보와 인간 사회의 발전을 낙관적으로 바라보던 시대에는 유가 사상이 주류를 이루었다면 문명의 진보가 최고조에 도달한 시점에 오자 역설적이게도 도가 사상이 새로운 빛을 발하기 시작한 것이다.

앞에서 보았듯이 《도덕경》은 글자 수가 5천여 자에 불과할 뿐만 아니라 일견 단일한 주제를 반복적으로 설명하는 듯이 보인다. 그러나 그것을 읽고 음미해 보면 담고 있는 내용과 의미가 가늠할 수 없을 만큼 넓고 깊으며 사람들의 마음을 울린다는 사실을 깨닫게 된다. 《도덕경》의 이 같은 진면목 때문에 현대 사회에 지대한 영향을 끼친 헤겔, 하이데거, 톨스토이, 슈바이처, 간디와 같이 저명한 사상가들도 일찍이 공감을 표한 바 있다. 그러므로 《도덕경》은 오늘날에 와서는 인류 사회가 앞으로 어떻게 나아가야 할 것인지를 알려 주는 중요한 사상으로서 그 의미가 심대하다고 하겠다.

역사적으로 보아도 도가 사상은 유가 사상의 대척점에 서서 상대에 대한 비판과 반론을 통해 성찰의 분위기를 조성했고 중국 및 동아시아 사상, 문화, 종교의 발전을 선도했다. 《도덕경》을 필두로 한 도가 사상의 진행이 없었거나 미약했다면 중국은 물론 동아시아 문화권의 성숙한 발전은 이루어지지 못했을 것이다. 또한 문명의 진보만을 지향하며 인간 중심의 질서를 고수함으로써 자연과의 공존과 생태를 고려하지 않아서 심각한 위기를 가져온 서구의 자연관, 세계관이 반성과 수정의 기회를 맞지 못했을 수도 있다. 이렇게 《도덕경》은 동아시아 문화의 발전과 현대 사회에 대한 반성과 성찰을 이끌어 낸 인류의 정신적 자산이기도 하다.

뿐만 아니라 인류에게 문명이라는 작은 집에 안주할 것이 아니라 자연이라는 장원(莊園)으로 시선을 돌리게 한, 인식의 전환을 이끈 책이기도 하다. 어느 사상가의 고백을 빌어 표현한다면 "《도덕경》은 현대인들에게 사고와 인식의 경계를 스스로 허물게 하는 묵직한 울림이요 깨달음의 단초"라 할 수 있다. 따라서 《도덕경》을 읽는 것은 바로 지금 우리의 삶과 그에 대한 성찰을 의미하는 것이고 나와 내 이웃의 미래를 여는 산실임을 잊어서는 안 된다.

《도덕경》 원문 보기

1장

道可道, 非常道; 名可名, 非常名. 無名, 天地之始; 有名, 萬物之母.
도가도 비상도 명가명 비상명 무명 천지지시 유명 만물지모

故常無欲以觀其妙, 常有欲以觀其徼. 此兩者同, 出而異名.
고상무욕이관기묘 상유욕이관기요 차양자동 출이이명

同謂之玄, 玄之又玄, 衆妙之門.
동위지현 현지우현 중묘지문

2장

天下皆知美之爲美, 斯惡已 皆知善之爲善, 斯不善已.
천하개지미지위미 사오이 개지선지위선 사불선이

故有無相生, 難易相成, 長短相較, 高下相傾, 音聲相和, 前後相隨.
고유무상생 난이상성 장단상교 고하상경 음성상화 전후상수

是以聖人處無爲之事, 行不言之敎. 萬物作焉而不辭, 生而不有, 爲而不恃.
시이성인처무위지사 행불언지교 만물작언이불사 생이불유 위이불시

功成而弗居, 夫唯弗居, 是以不去.
공성이불거 부유불거 시이불거

3장

不尙賢, 使民不爭.不貴難得之貨, 使民不爲盜.
불상현 사민부쟁불귀난득지화 사민불위도

不見可欲, 使民心不亂. 是以聖人之治, 虛其心,
불견가욕 사민심불란 시이성인지치 허기심

實其腹, 弱其志, 强其骨.常使民無知無欲, 使夫智者不敢爲也.
실기복 약기지 강기골 상사민무지무욕 사부지자불감위야

爲無爲, 則無不治.
위무위 즉무불치

4장

道沖, 而用之或不盈. 湛兮! 似萬物之宗. 挫其銳, 解其紛;
도충 이용지혹불영 담혜 사만물지종 좌기예 해기분

和其光, 同其塵. 湛兮! 似或存. 吾不知誰之子, 象帝之先.
화기광 동기진 담혜 사혹존 오부지수지자 상제지선

5장

天地不仁, 以萬物爲芻狗. 聖人不仁, 以百姓爲芻狗.
천지불인 이만물위추구 성인불인 이백성위추구

天地之間, 其猶橐籥乎! 虛而不屈, 動而愈出. 多言數窮, 不如守中.
천지지간 기유탁약호 허이불굴 동이유출 다언삭궁 불여수중

6장

谷神不死, 是謂玄牝. 玄牝之門, 是謂天地根. 綿綿若存, 用之不勤.
곡신불사 시위현빈 현빈지문 시위천지근 면면약존 용지불근

7장

天長地久. 天地所以能長且久者, 以其不自生, 故能長生.
천장지구 천지소이능장차구자 이기부자생 고능장생

是以聖人後其身而身先, 外其身而身存. 非以其無私邪? 故能成其私.
시이성인후기신이신선 외기신이신존 비이기무사야 고능성기사

8장

上善若水. 水善利萬物而不爭, 處衆人之所惡, 故幾於道. 居善地,
상선약수 수선이만물이부쟁 처중인지소오 고기어도 거선지

心善淵, 與善仁, 言善信, 正善治, 事善能, 動善時. 夫唯不爭, 故無尤.
심선연 여선인 언선신 정선치 사선능 동선시 부유부쟁 고무우

9장

持而盈之, 不如其已; 揣而銳之, 不可長保. 金玉滿堂, 莫之能守;
지이영지 불여기이 췌이예지 불가장보 금옥만당 막지능수

富貴而驕, 自遺其咎. 功遂身退, 天之道也.
부귀이교 자유기구 공수신퇴 천지도야

10장

載營魄抱一, 能無離乎? 專氣致柔, 能嬰兒乎?
재영백포일 능무리호 전기치유 능영아호

滌除玄覽, 能無疵乎? 愛民治國, 能無知乎?
척제현람 능무자호 애민치국 능무지호

天門開闔, 能無雌乎? 明白四達, 能無爲乎?
천문개합 능무자호 명백사달 능무위호

生之, 畜之. 生而不有, 爲而不恃, 長而不宰, 是謂玄德.
생지 축지 생이불유 위이불시 장이부재 시위현덕

11장

三十輻共一轂, 當其無, 有車之用. 埏埴以爲器, 當其無, 有器之用.
삼십복공일곡 당기무 유거지용 선식이위기 당기무 유기지용

鑿戶牖以爲室, 當其無, 有室之用. 故有之以爲利, 無之以爲用.
착호유이위실 당기무 유실지용 고유지이위리 무지이위용

12장

五色令人目盲, 五音令人耳聾, 五味令人口爽. 馳騁畋獵令人心發狂,
오색영인목맹 오음영인이농 오미영인구상 치빙전렵영인심발광

難得之貨令人行妨. 是以聖人爲腹不爲目. 故去彼取此.
난득지화영인행방 시이성인위복불위목 고거피취차

13장

寵辱若驚, 貴大患若身. 何謂寵辱若驚? 寵爲下, 得之若驚, 失之若驚,
총욕약경 귀대환약신 하위총욕약경 총위하 득지약경 실지약경

是謂寵辱若驚. 何謂貴大患若身? 吾所以有大患者, 爲吾有身.
시위총욕약경 하위귀대환약신 오소이유대환자 위오유신

及吾無身, 吾有何患? 故貴以身爲天下, 若可寄天下, 愛以身爲天下, 若可託天下.
급오무신 오유하환 고귀이신위천하 약가기천하 애이신위천하 약가탁천하

14장

視之不見, 名曰夷; 聽之不聞, 名曰希; 搏之不得, 名曰微.
시지불견 명왈이 청지불문 명왈희 박지부득 명왈미

此三者, 不可致詰, 故混而爲一. 其上不皦, 其下不昧, 繩繩兮不可名,
차삼자 불가치힐 고혼이위일 기상불교 기하불매 승승혜불가명

復歸於無物. 是謂無狀之狀, 無物之象. 是謂惚恍.
복귀어무물 시위무상지상 무물지상 시위홀황

迎之不見其首, 隨之不見其後. 執古之道, 以御今之有.
영지불견기수 수지불견기후 집고지도 이어금지유

能知古始, 是謂道紀.
능지고시 시위도기

15장

古之善爲士者, 微妙玄通, 深不可識. 夫唯不可識, 故强爲之容.
고지선위사자 미묘현통 심불가식 부유불가식 고강위지용

豫焉若冬涉川, 猶兮若畏四隣, 儼兮其若容, 渙兮其若釋.
예언약동섭천 유혜약외사린 엄혜기약용 환혜기약석

敦兮其若樸, 曠兮其若谷, 混兮其若濁, 孰能濁以靜之徐淸,
돈혜기약박 광혜기약곡 혼혜기약탁 숙능탁이정지서청

孰能安以久動之徐生. 保此道者, 不欲盈. 夫唯不盈, 故能蔽不新成.
숙능안이구동지서생 보차도자 불욕영 부유불영 고능폐이신성

16장

致虛極, 守靜篤. 萬物竝作, 吾以觀復. 夫物芸芸, 各復歸其根.
치허극 수정독 만물병작 오이관복 부물운운 각복귀기근

歸根曰靜, 是謂復命. 復命曰常, 知常曰明. 不知常, 妄作凶.
귀근왈정 시위복명 복명왈상 지상왈명 부지상 망작흉

知常容, 容乃公, 公乃王, 王乃天, 天乃道, 道乃久, 沒身不殆.
지상용 용내공 공내왕 왕내천 천내도 도내구 몰신불태

17장

太上, 下知有之; 其次, 親而譽之; 其次, 畏之; 其次, 侮之.
태상 하지유지 기차 친이예지 기차 외지 기차 모지

信不足焉, 有不信焉. 悠兮, 其貴言. 功成事遂, 百姓皆謂我自然.
신불족언 유불신언 유혜 기귀언 공성사수 백성개위아자연

18장

大道廢, 有仁義. 慧智出, 有大僞. 六親不和, 有孝慈.
대도폐 유인의 혜지출 유대위 육친불화 유효자

國家昏亂, 有忠臣.
국가혼란 유충신

19장

絶聖棄智, 民利百倍; 絶仁棄義, 民復孝慈; 絶巧棄利, 盜賊無有.
절성기지 민리백배 절인기의 민복효자 절교기리 도적무유

此三者以爲文不足. 故令有所屬. 見素抱樸, 少私寡欲.
차삼자이위문부족 고영유소속 현소포박 소사과욕

20장

絕學無憂, 唯之與阿, 相去幾何? 美之與惡, 相去若何?
절학무우 유지여하 상거기하 미지여오 상거약하

人之所畏, 不可不畏. 荒兮, 其未央哉!
인지소외 불가불외 황혜 기미앙재

衆人熙熙, 如享太牢, 如春登臺. 我獨泊兮, 其未兆, 如嬰兒之未孩.
중인희희 여향태뢰 여춘등대 아독백혜 기미조 여영아지미해

儽儽兮, 若無所歸. 衆人皆有餘, 而我獨若遺.
래래혜 약무소귀 중인개유거 이아독약유

我愚人之心也哉! 沌沌兮! 俗人昭昭, 我獨昏昏.
아우인지심야재 돈돈혜 속인소소 아독혼혼

俗人察察, 我獨悶悶. 澹兮其若海, 飂兮若無止.
속인찰찰 아독민민 담혜기약해 료혜약무지

衆人皆有以, 而我獨頑且鄙, 我獨異於人, 而貴食母.
중인개유이 이아독완차비 아독이어인 이귀식모

21장

孔德之容, 惟道是從. 道之爲物, 惟恍惟惚. 惚兮恍兮, 其中有象.
공덕지용 유도시종 도지위물 유황유홀 홀혜황혜 기중유상

恍兮惚兮, 其中有物. 窈兮冥兮, 其中有精. 其中有信. 冥兮窈兮
황혜홀혜 기중유물 요혜명혜 기중유정 기중유신 명혜요혜

自古及今, 其名不去, 以閱衆甫. 吾何以知衆甫之狀哉, 以此.
자고급금 기명불거 이열중보 오하이지중보지상재 이차

22장

曲則全, 枉則直. 窪則盈, 幣則新, 少則得, 多則惑.
곡즉전 왕즉직 와즉영 폐즉신 소즉득 다즉혹

是以聖人執一爲天下式, 不自見, 故明. 不自是, 故彰.
시이성인집일위천하식 부자현 고명 부자시 고창

不自伐, 故有功. 不自矜, 故長. 夫唯不爭, 故天下莫能與之爭.
부자벌 고유공 부자긍 고장 부유부쟁 고천하막능여지쟁

古之所謂曲則全者, 豈虛言哉! 誠全而歸之.
고지소위곡즉전자 기허언재 성전이귀지

23장

希言自然. 故飄風不終朝, 驟雨不終日. 孰爲此者? 天地.
희언자연 고표풍부종조 취우부종일 숙위차자 천지

天地尙不能久, 而況於人乎! 故從事於道者, 道者同於道,
천지상불능구 이황어인호 고종사어도자 도자동어도

德者同於德, 失者同於失. 同於道者, 道亦樂得之.
덕자동어덕 실자동어실 동어도자 도역낙득지

同於德者, 德亦樂得之. 同於失者, 失亦樂得之.
동어덕자 덕역낙득지 동어실자 실역낙득지

信不足焉, 有不信焉
신불족언 유불신언

24장

企者不立, 跨者不行. 自見者不明, 自是者不彰,
기자불립 과자불행 자현자불명 자시자불창

自伐者無功, 自矜者不長. 其在道也, 曰餘食贅行.
자벌자무공 자긍자부장 기재도야 왈여사췌행

物或惡之, 故有道者不處.
물혹오지 고유도자불처

25장

有物混成, 先天地生. 寂兮寥兮, 獨立不改, 周行而不殆,
유물혼성 선천지생 적혜료혜 독립불개 주행이불태

可以爲天下母. 吾不知其名, 字之曰道, 强爲之名曰大,
가이위천하모 오부지기명 자지왈도 강위지명왈대

大曰逝, 逝曰遠, 遠曰反. 故道大, 天大, 地大, 王亦大.
대왈서 서왈원 원왈반 고도대 천대 지대 왕역대

域中有四大, 而王居其一焉, 人法地, 地法天, 天法道, 道法自然.
역중유사대 이왕거기일언 인법지 지법천 천법도 도법자연

26장

重爲輕根, 靜爲躁君. 是以聖人終日行不離輜重.
중위경근 정위조군 시이성인종일행불리치중

雖有榮觀, 燕處超然. 奈何萬乘之主, 而以身輕天下.
수유영관 연처초연 내하만승지주 이이신경천하

輕則失本, 躁則失君.
경즉실본 조즉실군

27장

善行無轍迹, 善言無瑕謫, 善數不用籌策, 善閉無關楗而不可開.
선행무철적 선언무하적 선수불용주책 선폐무관건이불가개

善結無繩約而不可解. 是以聖人常善求人, 故無棄人, 常善救物,
선결무승약이불가해 시이성인상선구인 고무기인 상선구물

故無棄物. 是謂襲明. 故善人者, 不善人之師, 不善人者, 善人之資.
고무기물 시위습명 고선인자 불선인지사 불선인자 선인지자

不貴其師, 不愛其資, 雖智大迷, 是謂要妙.
부귀기사 불애기자 수지대미 시위요묘

28장

知其雄, 守其雌, 爲天下谿. 爲天下谿, 常德不離, 復歸於嬰兒.
지기웅 수기자 위천하계 위천하계 상덕불리 복귀어영아

知其白, 守其黑, 爲天下式. 爲天下式, 常德不忒, 復歸於無極.
지기백 수기흑 위천하식 위천하식 상덕불특 복귀어무극

知其榮, 守其辱, 爲天下谷. 爲天下谷, 常德乃足, 復歸於樸.
지기영 수기욕 위천하곡 위천하곡 상적내조 복귀어박

樸散則爲器, 聖人用之, 則爲官長, 故大制不割.
박산즉위기 성인용지 즉위관장 고대제불할

29장

將欲取天下而爲之, 吾見其不得已. 天下神器, 不可爲也.
장욕취천하이위지 오견기부득이 천하신기 불가위야

爲者敗之, 執者失之. 故物或行或隨, 或歔或吹, 或强或羸, 或載或隳.
위자패지 집자실지 고물혹행혹수 혹허혹취 혹강혹리 혹재혹휴

是以聖人去甚, 去奢, 去泰.
시이성인거심 거사 거태

30장

以道佐人主者, 不以兵强天下. 其事好還. 師之所處, 荊棘生焉.
이도좌인주자 불이병강천하 기사호환 사지소처 형극생언

大軍之後, 必有凶年. 善有果而已, 不敢以取强. 果而勿矜,
대군지후 필유흉년 선유과이이 불감이취강 과이물긍

果而勿伐, 果而勿驕, 果而不得已, 果而勿强. 物壯則老, 是謂不道, 不道早已.
과이물벌 과이물교 과이부득이 과이물강 물장즉노 시위부도 부도조이

31장

夫佳兵者, 不祥之器, 物或惡之, 故有道者不處.
부가병자 불상지기 물혹오지 고유도자불처

君子居則貴左, 用兵則貴右. 兵者不祥之器, 非君子之器,
군자거즉귀좌 용병즉귀우 병자불상지기 비군자지기

不得已而用之, 恬淡爲上. 勝而不美, 而美之者, 是樂殺人.
부득이이용지 염담위상 승이불미 이미지자 시락살인

夫樂殺人者, 則不可得志於天下矣. 吉事尚左, 凶事尚右.
부락살인자 즉불가득지어천하의 길사상좌 흉사상우

偏將軍居左, 上將軍居右. 言以喪禮處之.
편장군거좌 상장군거우 언이상례처지

殺人之衆, 以哀悲泣之, 戰勝以喪禮處之.
살인지중 이애비읍지 전승이상례처지

32장

道常無名, 樸雖小, 天下莫能臣也. 侯王若能守之, 萬物將自賓.
도상유명 박수소 천하막능신야 후왕약능수지 만물장자빈

天地相合, 以降甘露, 民莫之令而自均. 始制有名, 名亦既有,
천지상합 이강감로 민막지령이자균 시제유명 명역기유

夫亦將知止, 知止可以不殆. 譬道之在天下, 猶川谷之於江海.
부역장지지 지지가이불태 비도지재천하 유천곡지어강해

33장

知人者智, 自知者明. 勝人者有力, 自勝者强. 知足者富. 强行者有志.
지인자지 자지자명 승인자유력 자승자강 지족자부 강행자유지

不失其所者久, 死而不亡者壽.
불실기소자구 사이불망자수

34장

大道氾兮, 其可左右. 萬物恃之而生而不辭. 功成不名有.
대도범혜 기가좌우 만물시지이생이불사 공성불명유

衣養萬物而不爲主, 常無欲, 可名於小. 萬物歸焉而不爲主,
의양만물이불위주 상무욕 가명어소 만물귀언이불위주

可名爲大. 以其終不自爲大, 故能成其大.
가명위대 이기종불자위대 고능성기대

35장

執大象, 天下往. 往而不害, 安平太. 樂與餌, 過客止.
집대상 천하왕 왕이불해 안평태 낙여이 과객지

道之出口, 淡乎其無味. 視之不足見, 聽之不足聞, 用之不足旣
도지출구 담호기무미 시지부족견 청지부족문 용지부족기

36장

將欲歙之, 必固張之. 將欲弱之, 必固强之. 將欲廢之, 必固興之.
장욕흡지 필고장지 장욕약지 필고강지 장욕폐지 필고흥지

將欲奪之, 必固與之. 是謂微明. 柔弱勝剛强. 魚不可脫於淵.
장욕탈지 필고여지 시위미명 유약승강강 어불가탈어연

國之利器不可以示人.
국지리기불가이시인

37장

道常無爲而無不爲. 侯王若能守之, 萬物將自化.
도상무위이무불위 후왕약능수지 만물장자화

化而欲作, 吾將鎭之以無名之樸. 無名之樸, 夫亦將無欲.
화이욕작 오장진지이무명지박 무명지박 부역장무욕

不欲以靜, 天下將自定.
불욕이정 천하장자정

38장

上德不德, 是以有德. 下德不失德, 是以無德. 上德無爲而無以爲,
상덕부덕 시이유덕 하덕불실덕 시이무덕 상덕무위이무이위

下德爲之而有以爲. 上仁爲之而無以爲, 上義爲之而有以爲.
하덕무위이유이위 상인위지이무이위 상의위지이유이위

上禮爲之而莫之應, 則攘臂而扔之. 故失道而後德, 失德而後仁.
상례위지이막지응 즉양비이잉지 고실도이후덕 실덕이후인

失仁而後義, 失義而後禮. 夫禮者, 忠信之薄, 而亂之首.
실인이후의 실의이후례 부례자 충신지박 이란지수

前識者, 道之華, 而愚之始. 是以大丈夫處其厚, 不居其薄, 處其實,
전식자 도지화 이우지시 시이대장부처기후 불거기박 처기실

不居其華, 故去彼取此.
불거기화 고거피취차

39장

昔之得一者. 天得一以淸, 地得一以寧, 神得一以靈, 谷得一以盈,
석지득일자 천득일이청 지득일이령 신득일이령 곡득일이영

萬物得一以生, 侯王得一以爲天下貞. 其致之. 天無以淸, 將恐裂,
만물득일이생 후왕득일이위천하정 기치지 천무이청 장공렬

地無以寧, 將恐發, 神無以靈, 將恐歇, 谷無以盈, 將恐竭,
지무이령 장공발 신무이령 장공헐 곡무이영 장공갈

萬物無以生, 將恐滅, 侯王無以貴高, 將恐蹶. 故貴以賤爲本,
만물무이생 장공멸 후왕무이귀고 장공궐 고귀이천위본

高以下爲基. 是以後王自謂孤寡不穀. 此非以賤爲本邪? 非乎?
고이하위기 시이후왕자위고과불곡 차비이천위본야 비호

故致數輿無輿, 不欲琭琭如玉, 珞珞如石.
고치수여무여 불욕록록여옥 락락여석

40장

反者道之動, 弱者道之用. 天下萬物生於有, 有生於無.
반자도지동 약자도지용 천하만물생어유 유생어무

41장

上士聞道, 勤而行之. 中士聞道, 若存若亡. 下士聞道, 大笑之.
상사문도 근이행지 중사문도 약존약망 하사문도 대소지

不笑不足以爲道. 故建言有之, 明道若昧, 進道若退, 夷道若纇,
불소부족이위도 고건언유지 명도약매 진도약퇴 이도약뢰

上德若谷, 大白若辱, 廣德若不足, 建德若偸, 質德若偸, 大方無隅,
상덕약곡 대백약욕 광덕약부족 건덕약투 질덕약투 대방무우

大器晚成, 大音希聲, 大象無形, 道隱無名. 夫唯道, 善貸且成.
대기만성 대음희성 대상무형 도은무명 부유도 선대차성

42장

道生一, 一生二, 二生三, 三生萬物. 萬物負陰而抱陽, 沖氣以爲和.
도생일 일생이 이생삼 삼생만물 만물부음이포양 충기이위화

人之所惡, 唯孤寡不穀, 而王公以爲稱. 故物或損之而益,
인지소오 유고과불곡 이왕공이위칭 고물혹손지이익

或益之而損. 人之所敎, 我亦敎之. 强梁者不得其死, 吾將以爲敎父.
혹익지이손 인지소교 아역교지 강량자부득기사 오장이위교부

43장

天下之至柔, 馳騁天下之至堅. 無有入無間, 吾是以知無爲之有益.
천하지지유 치빙천하지기견 무유입무간 오시이지무위지유익

不言之敎, 無爲之益, 天下希及之.
불언지교 무위지익 천하희급지

44장

名與身孰親? 身與貨孰多? 得與亡孰病? 是故甚愛必大費,
명여신숙친 신여화숙다 득여망숙병 시고심애필대비

多藏必厚亡. 知足不辱, 知止不殆, 可以長久.
다장필후망 지족불욕 지지불태 가이장구

45장

大成若缺, 其用不弊. 大盈若沖, 其用不窮. 大直若屈, 大巧若拙,
대성약결 기용불폐 대영약충 기용불궁 대직약굴 대교약졸

大辯若訥. 躁勝寒, 靜勝熱, 淸靜爲天下正.
대변약눌 조승한 정승열 청정위천하정

46장

天下有道, 卻走馬以糞. 天下無道, 戎馬生於郊.
천하유도 각주마이분 천하무도 융마생어교

禍莫大於不知足, 咎莫大於欲得. 故知足之足, 常足矣.
화막대어부지족 구막대어욕득 고지족지족 상족의

47장

不出戶, 知天下, 不闚牖, 見天道. 其出彌遠, 其知彌少.
불출호 지천하 불규유 견천도 기출미원 기지미소

是以聖人不行而知, 不見而名, 不爲而成.
시이성인불행이지 불견이명 불위이성

48장

爲學日益, 爲道日損. 損之又損, 以至於無爲. 無爲而無不爲.
위학일익 위도일손 손지우손 이지어무위 무위이무불위

取天下常以無事, 及其有事, 不足以取天下.
취천하상위무사 급기유사 부족이취천하

49장

聖人無常心, 以百姓心爲心. 善者, 吾善之, 不善者, 吾亦善之,
성인무상심 이백성심위심 선자 오선지 불선자 오역선지

德善. 信者, 吾信之. 不信者, 吾亦信之, 德信. 聖人在天下,
덕선 신자 오신지 불신자 오역신지 덕신 성인재천하

歙歙爲天下渾其心. 百姓皆注其耳目, 聖人皆孩之.
흡흡위천하혼기심 백성개주기이목 성인개해지

50장

出生入死. 生之徒, 十有三, 死之徒, 十有三, 人之生, 動之死地者,
출생입사 생지도 십유삼 사지도 십유삼 인지생 동지사지자

亦十有三. 夫何故? 以其生生之厚. 蓋聞善攝生者, 陸行不遇兕虎,
역십유삼 부하고 이기생생지후 개문선섭생자 육행불우시호

入軍不被甲兵, 兕無所投其角, 虎無所措其爪, 兵無所容其刃.
입군불피갑병 시무소투기각 호무소조기조 병무소용기인

夫何故? 以其無死地.
부 하 고   이 기 무 사 지

51장

道生之, 德畜之. 物形之, 勢成之. 是以萬物莫不存道而貴德.
도 생 지 덕 축 지 물 형 지 세 성 지 시 이 만 물 막 부 존 도 이 귀 덕

道之尊, 德之貴, 夫莫之命而常自然. 故道生之, 德畜之,
도 지 존 덕 지 귀 부 막 지 명 이 상 자 연 고 도 생 지 덕 축 지

長之育之, 亭之毒之, 養之覆之. 生而不有, 爲而不恃, 長而不宰. 是謂玄德
장 지 육 지 정 지 독 지 양 지 복 지 생 이 불 유 위 이 불 시 장 이 부 재 시 위 현 덕

52장

天下有始, 以爲天下母. 旣得其母, 以知其子. 旣知其子, 復守其母,
천 하 유 지 이 위 천 하 모 기 득 기 모 이 지 기 자 기 지 기 자 복 수 기 모

沒身不殆. 塞其兌, 閉其門, 終身不勤. 開其兌, 濟其事, 終身不救.
몰 신 불 태 색 기 태 폐 기 문 종 신 불 근 개 기 태 제 기 사 종 신 불 구

見小曰明, 守柔曰强. 用其光, 復歸其明, 無遺身殃, 是爲習常.
견 소 왈 명 수 유 왈 강 용 기 광 복 귀 기 명 무 유 신 앙 시 위 습 상

53장

使我介然有知, 行於大道, 唯施是畏. 大道甚夷, 而民好徑.
사 아 개 연 유 지 행 어 대 도 유 시 시 외 대 도 심 이 이 민 호 경

朝甚除, 田甚蕪, 倉甚虛, 服文綵, 帶利劍, 厭飮食, 財貨有餘,
조 심 제 전 심 무 창 심 허 복 문 채 대 리 검 염 음 식 재 화 유 여

是謂盜夸. 非道也哉!
시 위 도 과   비 도 야 재

54장

善建者不拔, 善抱者不脫, 子孫以祭祀不輟. 修之於身, 其德乃眞,
선 건 자 불 발 선 포 자 불 탈 자 손 이 제 사 불 철 수 지 어 신 기 덕 내 진

修之於家, 其德乃餘, 修之於鄕, 其德乃長, 修之於國, 其德乃豊,
수 지 어 가 기 덕 내 여 수 지 어 향 기 덕 내 장 수 지 어 국 기 덕 내 풍

修之於天下, 其德乃普. 故以身觀身, 以家觀家, 以鄕觀鄕,
수 지 어 천 하 기 덕 내 보 고 이 신 관 신 이 가 관 가 이 향 관 향

以國觀國, 以天下觀天下. 吾何以知天下然哉? 以此.
이 국 관 국 이 천 하 관 천 하 오 하 이 지 천 하 연 재 이 차

55장

含德之厚, 比於赤子. 蜂蠆虺蛇不螫, 攫鳥猛獸不搏.
함덕지후 비어적자 봉채훼사불석 확조맹수불박

骨弱筋柔而握固. 未知牝牡之合而朘作, 精之至也.
골약근유이악고 미지빈모지합이최작 정지지야

終日號而不嗄, 和之至也. 知和日常, 知常日明. 益生日祥.
종일호이불사 화지지야 지화왈상 지상왈명 익생왈상

心使氣日强, 物壯則老, 謂之不道, 不道早已.
심사기왈강 물장즉노 위지부도 부도조이

56장

知者不言, 言者不知. 塞其兌, 閉其門, 挫其銳, 解其分, 和其光,
지자불언 언자부지 색기태 폐기문 좌기예 해기분 화기광

同其塵, 是謂玄同. 故不可得而親, 不可得而疏, 不可得而利,
동기진 시위현동 고불가득이친 불가득이소 불가득이리

不可得而害, 不可得而貴, 不可得而賤. 故爲天下貴.
불가득이해 불가득이귀 불가득이천 고위천하귀

57장

以正治國, 以奇用兵, 以無事取天下. 吾何以知其然哉? 以此.
이정치국 이기용병 이무사취천하 오하이지기연재 이차

天下多忌諱, 而民彌貧, 民多利器, 國家滋昏, 人多伎巧, 奇物滋起,
천하다기휘 이민미빈 민다리기 국가자혼 인다기교 기물자기

法令滋彰, 盜賊多有. 故聖人云, 我無爲而民自化, 我好靜而民自正,
법령자창 도적다유 고성인운 아무위이민자화 아호정이민자정

我無事而民自富, 我無欲而民自樸.
아무사이민자부 아무욕이민자박

58장

其政悶悶, 其民淳淳, 其政察察, 其民缺缺. 禍兮, 福之所倚, 福兮,
기정민민 기민순순 기정찰찰 기민결결 화혜 복지소의 복혜

禍之所伏, 孰知其極? 其無正. 正復爲奇, 善復爲妖. 人之迷.
화지소복 숙지기극 기무정 정복위기 선복위요 인지미

其日固久. 是以聖人方而不割, 廉而不劌, 直而不肆, 光而不燿.
기일고구 시이성인방이불할 염이불귀 직이불사 광이불요

59장

治人事天, 莫若嗇. 夫唯嗇, 是以早服. 早服謂之重積德,
치인사천 막약색 부유색 시이조복 조복위지중적덕

重積德則無不克, 無不克則莫知其極, 莫知其極, 可以有國,
중적덕즉무불극 무불극즉막지기극 막지기극 가이유국

有國之母, 可以長久, 是謂深根固柢, 長生久視之道.
유국지모 가이장구 시위심근고저 장생구지지도

60장

治大國, 若烹小鮮. 以道莅天下, 其鬼不神, 非其鬼不神,
치대국 약팽소선 이도리천하 기귀불신 비기귀불신

其神不傷人, 非其神不傷人, 聖人亦不傷人. 夫兩不相傷, 故德交歸焉.
기신불상인 비기신불상인 성인역불상인 부량불상상 고덕교귀언

61장

大國者下流, 天下之交, 天下之牝. 牝常以靜勝牡, 以靜爲下.
대국자하류 천하지교 천하지빈 빈상이정승모 이정위하

故大國以下小國, 則取小國, 小國以下大國, 則取大國.
고 대국이하소국 즉취소국 소국이하대국 즉취대국

故或下以取, 或下而取. 大國不過欲兼畜人, 小國不過欲入事人.
고 혹하이취 혹하이취 대국불과욕겸축인 소국불과욕입사인

夫兩者各得其所欲, 大者宜爲下.
부양자각득기소욕 대자의위하

62장

道者萬物之奧. 善人之寶, 不善人之所保. 美言可以市, 尊行可以加人.
도자만물지오 선인지보 불선인지소보 미언가이시 존행가이가인

人之不善, 何棄之有? 故立天下, 置三公, 雖有拱璧以先駟馬, 不如坐進此道.
인지불선 하기지유 고립천하 치삼공 수유공벽이선사마 불여좌진차도

古之所以貴此道者何? 不曰求以得, 有罪以免耶? 故爲天下貴.
고지소이귀차도자하 불왈구이득 유죄이면야 고위천하귀

63장

爲無爲, 事無事, 味無味. 大小多少, 報怨以德, 圖難於其易,
위무위 사무사 미무미 대소다소 보원이덕 도난어기이

爲大於其細, 天下難事, 必作於易, 天下大事, 必作於細.
위대어기세 천하난사 필작어이 천하대사 필작어세

是以聖人終不爲大, 故能成其大. 夫輕諾必寡信, 多易必多難.
시이성인종불위대 고능성기대 부경낙필과신 다이필다난

是以聖人猶難之, 故終無難矣.
시이성인유난지 고종무난의

64장

其安易持, 其未兆易謀. 其脆易泮, 其微易散. 爲之於未有,
기안이지 기미조이모 기취이반 기미이산 위지어미유

治之於未亂. 合抱之木, 生於毫末, 九層之臺, 起於累土, 千里之行,
치지어미란 합포지목 생어호말 구층지대 기어누토 천리지행

始於足下. 爲者敗之, 執者失之, 是以聖人無爲故無敗, 無執故無失.
시어족하 위자패지 집자실지 시이성인무위고무패 무집고무실

民之從事, 常於幾成而敗之. 愼終如始, 則無敗事. 是以聖人欲不欲,
민지종사 상어기성이패지 신종여시 즉무패사 시이성인욕불욕

不貴難得之貨, 學不學, 復衆人之所過, 以輔萬物之自然而不敢爲.
불귀난득지화 학불학 복중인지소과 이보만물지자연이불감위

65장

古之善爲道者, 非以明民, 將以愚之. 民之難治, 以其智多.
고지선위도자 비이명민 장이우지 민지난치 이기지다

故以智治國, 國之賊, 不以智治國, 國之福. 知此兩者亦稽式.
고이지치국 국지적 불이지치국 국지복 지차양자역계식

常知稽式, 是謂玄德, 玄德深矣, 遠矣, 與物反矣, 然後乃至大順.
상지계식 시위현덕 현덕심의 원의 여물반의 연후내지대순

66장

江海所以能爲百谷王者, 以其善下之, 故能爲百谷王. 是以欲上民,
강해소이능위백곡왕자 이기선하지 고능위백곡왕 시이욕상민

必以言下之, 欲先民, 必以身後之. 是以聖人處上而民不重,
필이언하지 욕선민 필이신후지 시이성인처상이민부중

處前而民不害. 是以天下樂推而不厭. 以其不爭, 故天下莫能與之爭.
처전이민불해 시이천하낙추이불염 이기부쟁 고천하막능여지쟁

67장

天下皆謂我 道大, 似不肖. 夫唯大, 故似不肖. 若肖, 久矣其細也夫.
천하개위아 도대 사불초 부유대 고사불초 약초 구의기세야부

我有三寶, 持而保之. 一日慈, 二日儉, 三日不敢爲天下先. 慈故能勇,
아유삼보 지이보지 일왈자 이왈검 삼왈불감위천하선 자고능용

儉故能廣, 不敢爲天下先, 故能成器長. 今舍慈且勇, 舍儉且廣,
검고능광 불감위천하선 고능성기장 금사자차용 사검차광

舍後且先, 死矣! 夫慈, 以戰則勝, 以守則固. 天將救之, 以慈衛之.
사후차선 사의 부자 이전즉승 이수즉고 천장구지 이자위지

68장

善爲士者, 不武, 善戰者, 不怒, 善勝敵者, 不與, 善用人者, 爲之下.
선위사자 불무 선전자 불노 선승적자 불여 선용인자 위지하

是謂不爭之德, 是謂用人之力, 是謂配天, 古之極.
시위부쟁지덕 시위용인지력 시위배천 고지극

69장

用兵有言. 吾不敢爲主, 而爲客, 不敢進寸, 而退尺. 是謂行無行,
용병유언 오불감위주 이위객 불감진촌 이퇴척 시위행무행

攘無臂, 扔無敵, 執無兵. 禍莫大於輕敵, 輕敵幾喪吾寶.
양무비 잉무적 집무병 화막대어경적 경적기상오보

故抗兵相加, 哀者勝矣.
고항병상가 애자승의

70장

吾言甚易知, 甚易行. 天下莫能知, 莫能行. 言有宗, 事有君.
오언심이지 심이행 천하막능지 막능지 언유종 사유군

夫唯無知, 是以不我知. 知我者希, 則我者貴. 是以聖人被褐懷玉.
부유무지 시이불아지 지아자희 즉아자귀 시이성인피갈회옥

71장

知不知, 上. 不知知, 病. 聖人不病, 以其病病. 夫唯病病, 是以不病
지부지 상 부지지 병 성인불병 이기병병 부유병병 시이불병

72장

民不畏威, 則大威至. 無狎其所居, 無厭其所生. 夫唯不厭, 是以不厭.
민불외위 즉대위지 무압기소거 무염기소생 부유불염 시이불염

是以聖人自知不自見, 自愛不自貴. 故去彼取此.
시이성인자지부자현 자애부자귀 고거피취차

73장

勇於敢則殺, 勇於不敢則活. 此兩者, 或利或害. 天之所惡, 孰知其故?
용어감즉살 용어불감즉활 차양자 혹리혹해 천지소오 숙지기고

是以聖人猶難之. 天之道, 不爭而善勝, 不言而善應, 不召而自來,
시이성인유난지 천지도 부쟁이선승 불언이선응 불소이자래

繟然而善謀. 天網恢恢, 疏而不失.
천연이선모 천망회회 소이불실

74장

民不畏死, 奈何以死懼之? 若使民常畏死, 而爲奇者, 吾得執而殺之,
민불외사 내하이사구지 약사민상외사 이위기자 오득집이살지

孰敢? 常有司殺者殺, 夫代司殺者殺, 是謂代大匠斲. 夫代大匠斲者,
숙감 상유사살자살 부대사살자살 시위대대장착 부대대장착자

希有不傷其手矣.
희유불상기수의

75장

民之饑, 以其上食稅之多, 是以饑. 民之難治, 以其上之有爲, 是以難治.
민지기 이기상식세지다 시이기 민지난치 이기상지유위 시이난치

民之輕死, 以其上求生之厚, 是以輕死. 夫唯無以生爲者, 是賢於貴生.
민지경사 이기상구생지후 시이경사 부유무이생위자 시현어귀생

76장

人之生也柔弱, 其死也堅强. 萬物草木之生也柔脆, 其死也枯槁.
인지생야유약 기사지견강 만물초목지생야유취 기사야고고

故堅强者死之徒, 柔弱者生之徒. 是以强兵則不勝, 木强則折.
고견강자사지도 유약자생지도 시이강병즉불승 목강즉절

强大處下, 柔弱處上.
강대처하 유약처상

77장

天之道, 其猶張弓與? 高者抑之, 下者擧之, 有餘者損之, 不足者補之.
천지도 기유장궁여 고자억지 하자거지 유여자손지 부족자보지

天之道, 損有餘而補不足. 人之道, 則不然, 損不足以奉有餘.
천지도 손유여이보부족 인지도 즉불연 손부족이봉유여

孰能有餘以奉天下, 唯有道者. 是以聖人爲而不恃, 功成而不處, 其不欲見賢.
숙능유여이봉천하 유유도자 시이성인위이불시 공성이불처 기불욕현현

78장

天下莫柔弱於水, 而功堅强者莫之能勝, 以其無以易之.
천하막유어수 이공견강자막지능승 이기무이역지

弱之勝强, 柔之勝剛, 天下莫不知, 莫能行. 是以聖人云, 受國之垢,
약지승강 유지승강 천하막부지 막능행 시이성인운 수국지구

是謂社稷主, 受國之不祥, 是謂天下王. 正言若反.
시위사직주 수국지불상 시위천하왕 정언약반

79장

和大怨, 必有餘怨, 安可以爲善? 是以聖人執左契, 而不責於人.
화대원 필유여원 안가이위선 시이성인집좌계 이불책어인

有德司契, 無德司徹. 天道無親, 常與善人.
유덕사계 무덕사철 천도무친 상여선인

80장

小國寡民. 使有什佰之器而不用, 使民重死而不遠徙
소국과민 사유십백지기이불용 사민중사이불원도

雖有舟輿, 無所乘之. 雖有甲兵, 無所陳之. 使人復結繩而用之.
수유주여 무소승지 수유갑병 무소진지 사민복결승이용지

甘其食, 美其服, 安其居, 樂其俗, 隣國相望, 鷄犬之聲相聞, 民至老死不相往來.
감기식 미기복 안기거 낙기속 인국상망 계견지성상문 민지노사불상왕래

81장

信言不美, 美言不信. 善者不辯, 辯者不善. 知者不博, 博者不知.
신언불미 미언불신 선자불변 변자불선 지자불박 박자부지

聖人不積, 旣以爲人己愈有, 旣以與人己愈多. 天之道, 利而不害,
성인부적 기이위인기유유 기이여인기유다 천지도 이이불해

聖人之道爲而不爭
성인지도위이부쟁